Mejorando las charlas:

Habla con quien sea, evita la incomodidad, genera conversaciones profundas y haz amigos de verdad.

Por Patrick King
Entrenador de interacción y conversación social en

www.PatrickKingConsulting.com

Tabla de contenidos

MEJORANDO LAS CHARLAS: *HABLA CON QUIEN SEA, EVITA LA INCOMODIDAD, GENERA CONVERSACIONES PROFUNDAS Y HAZ AMIGOS DE VERDAD.*   **3**

TABLA DE CONTENIDOS   **5**

CAPÍTULO 1. BAH, LAS CHARLAS   **7**

La mentalidad de la charla   12
Un ejercicio infantil   24
Tu currículo de conversación   33
Etapas conversacionales   41

CAPÍTULO 2. PRIMERAS IMPRESIONES   **53**

Establece el tono   56
Haz el primer movimiento   66
Encuentra similitudes   74
Crea una conexión   86

CAPÍTULO 3. CÓMO CAUTIVAR   **99**

Una vida de historias   101
El método 1:1:1   110
La columna vertebral de la historia   117
Dentro de las historias   127
Pide historias   131

CAPÍTULO 4. MANTENLO FLUIDO E ININTERRUMPIDO   **147**

Crea movimiento   149

PIENSA RÁPIDO	161
ACRÓNIMOS ÚTILES	171

CAPÍTULO 5. VE MÁS ALLÁ, SÉ MEJOR — 187

EL TRUCO MÁS VIEJO DEL LIBRO	188
DOS OÍDOS, UNA BOCA	196
HAZ MEJORES PREGUNTAS	211

CAPÍTULO 6. MIRANDO HACIA ADENTRO — 229

CONSTRÚYETE	233
DIVERSIFÍCATE	239
VER EN BLANCO Y NEGRO	245

GUÍA DE ENSEÑANZAS — 259

Capítulo 1. Bah, las charlas

Los seres humanos son una especie social. La conexión es crucial para la felicidad, prevenir la depresión y mantenerse saludable, literalmente. Varios estudios han demostrado que los efectos de la soledad son semejantes a consumir una dieta más pobre y hacer menos ejercicio, lo que puede básicamente llevar al mismo lugar, una muerte prematura.

Podría sonar un poco melodramático, pero la compañía es literalmente la manera que nuestros cerebros han creado para sobrevivir y desarrollarse. De hecho, muchos biólogos de la evolución ahora aceptan la teoría de que los humanos desarrollaron sus habilidades de pensamiento de orden superior *específicamente* porque viven en grupos sociales complejos. La existencia del idioma, la empatía y quizás incluso la cultura en sí, todo lleva al hecho de que los humanos han vivido y trabajado juntos desde el propio inicio.

Pero, para los objetivos del tema de este libro, hay un factor incluso más importante: la calidad de nuestras interacciones también importa, no solo la cantidad o presencia de otras personas a nuestro alrededor. Si tu reacción por reflejo es "bah, las charlas", podrías no ser la única persona que piense así. Como cualquier persona con una gran y caótica familia podría decirte, no todas las interacciones sociales tienen beneficios o son llevadas a cabo con un objetivo. Y si tienes decenas de "amigos" con los que no te atreverías a hablar con honestidad, probablemente también entiendas el dilema calidad/cantidad.

De hecho, incluso suena como si nuestros cerebros odiaran las charlas. Un estudio llevado a cabo en el 2010 por Matthias Mehl tuvo participantes deambulando en su vida diaria armados con un dispositivo que grababa el audio ambiental durante tres días. Los investigadores analizaron por cuánto tiempo cada participante estaba en la presencia de otras personas y si sostenían conversaciones casuales o hablaban de asuntos más importantes. Básicamente, el objetivo era capturar con qué tipos de interacciones trataban estos participantes y el efecto que esto tenía en sus vidas.

Al mismo tiempo, los investigadores también midieron el nivel en general de felicidad, bienestar mental y bienestar físico de las personas. Encontraron una clara correlación entre las discusiones sustanciosamente profundas, y un mayor bienestar y felicidad. Es algo que probablemente hayas sospechado e incluso sentido antes, pero ser vulnerable y abrirte con otros es una actividad profundamente satisfactoria en muchos niveles.

En cuanto a las charlas, ¿eso tan opuesto a sustancioso y profundo? Bueno, generó una correlación negativa con el bienestar y la felicidad, lo que significa que hizo a las personas *menos* felices. El estudio sugirió que eran las "grandes conversaciones" las responsables de todos esos efectos beneficiosos que siempre nos dicen que vienen con la socialización.

Ahí lo tienes, evidencia real de que las charlas deben ser evitadas, o al menos algo que se debe transitar de la forma más rápida posible.

El investigador Arthur Aron llevó a cabo un estudio en 1997, en el cual emparejó a participantes que no se conocían y les dio una lista de preguntas bastante personales para que las hicieran. Aunque las preguntas no eran ofensivamente intrusivas, eran más que una simple charla. ("¿Te gustaría ser famoso?, ¿cómo?". "¿Tienes una corazonada de cómo morirás?". "¿Cuál es tu peor recuerdo?". "¿Cómo te sientes en tu relación con tu madre?").

Aron descubrió que los participantes respondieron a estas "examinaciones" con franqueza y profundidad. Los participantes no sintieron que las preguntas, independientemente de lo personal que eran, invadieran necesariamente su privacidad o los debilitaran de alguna manera. En lugar de eso, estas preguntas fomentaron la honestidad, mayor fluidez emocional y la sinceridad en las personas que respondían. Se sintieron más cercanos a los otros participantes, quienes eran completos extraños antes del experimento. Interacciones futuras de este experimento recibieron nombres como "cómo enamorarse con 36 preguntas", debido a los poderosos efectos que tenían sobre las relaciones entre los participantes, cuya relación era inexistente previamente.

Probablemente ya sepas muy dentro de ti lo que estos experimentos demostraron: indagar de manera más profunda e intensa en nuestras comunicaciones puede crear resultados positivos más rápidamente de lo que uno piensa.

Ahora, la pregunta sigue en pie: ¿cómo podemos hacerlo nosotros? En este libro, quiero proporcionarte una infraestructura, de principio a fin, sobre cómo involucrarte con las personas de una manera más efectiva y más allá de una simple charla. Comenzaremos incluso antes de que inicie la interacción con cómo debes prepararte, y nos moveremos por todas las etapas de la charla hasta llegar a algo más significativo.

Bajo la expectativa de leer este libro, podrías estar sumamente emocionado por lanzarte en medio de una conversación y ver lo que puedes lograr. Después de todo, estás leyendo este libro por una razón, y la motivación podría volverte excesivamente entusiasmado. Pero, acelerar las cosas sería un error por ahora. Sería como entrar a una batalla sin tu escudo, espada ¡o tus pantalones!

La mentalidad de la charla

Hay más en la conversación que decir palabras sin pensar y crear de manera ingeniosa algo de la nada. Muy pocos de nosotros somos capaces de hacer eso de manera consistente y lo que es más sostenible, sencillo y práctico es prepararse de antemano para una conversación.

Para entrar en más detalle, no te estás preparando para conversaciones específicas como si fueran entrevistas de trabajo, en lugar de eso, te estás preparando para ser capaz de brillar en intercambios sociales en general. Hay una diferencia clara entre estos dos escenarios. No te preocupes por aparentar algo forzado o abordar el problema de una manera excesivamente formal y seria. Aunque podría ser contraintuitivo, prepararse bien y hacer esfuerzos prudentes para desempeñarse mejor en conversaciones naturales puede lograr que seas *más* espontáneo y que estés más relajado. Cuando te prepares para conversaciones, encontrarás el ingenio mucho más disponible y con mayor facilidad.

Así que el primer paso para lo ocurrente y la charla es prepararse psicológicamente para que no te agarren desprevenido conociendo a alguien nuevo. ¿Qué significa esto exactamente? Piensa en cuando te acabas de levantar y tu voz está en un tono grave e incomprensible. Tus pensamientos están desorganizados y dando vueltas, y cualquier cosa que salga de tu boca seguramente será respondida con un "... ¿qué dijiste?".

Cuando estás medio despierto, te agarran desprevenido cuando tienes que responder a algo, y tienes una falta de enfoque y percepción. Este es nuestro status quo social, cómo normalmente nos movemos y navegamos por el mundo. Por lo que calentar mentalmente trata de estirar y flexionar cautelosamente nuestros músculos sociales para que estemos listos para la acción.

Si sales a un bar o a un evento de contactos, solo tienes una oportunidad para lograr la impresión correcta. Si fallas en esto, como inevitablemente pasará de vez en cuando, adivina qué; ese era tu único tiro a la portería – ¿le sacarás el máximo provecho?

Recuerda que, de niños, siempre nos advertían que nunca habláramos con extraños. Esta instrucción bien concebida podría habernos servido bien en nuestra infancia, cuando era posible que fuésemos presas ingenuas para criminales taimados. *Peligros extraños* era algo real que había que evitar.

En lugares públicos, colocamos unos auriculares en nuestros oídos y pegamos nuestras caras a nuestros teléfonos, prefiriendo mantener nuestras interacciones con las personas que no conocemos al menor nivel posible. ¿Este hábito todavía nos sirve? Probablemente no si nuestra meta es mejorar en las conversaciones y en el encanto. Debemos deshacernos rápidamente de esta tendencia porque, como adultos, solo nos sirve para mantenernos aislados de los demás. Nos encierra en una prisión social que nosotros mismos creamos, y nos mantiene socialmente fríos en ocasiones en las que debemos estar activos. Como mínimo, desgraciadamente nos deja sin la preparación para tratar con personas, expuestos como si fuésemos emboscados en medio de la noche.

Un estudio llevado a cabo en el 2014 por Epley y Schroeder dividió a las personas que viajan a diario en trenes y buses en tres grupos; el primer grupo recibió la instrucción de interactuar con un extraño que estuviese cerca, el segundo a retraerse y el tercer grupo a actuar como si nada. Aunque los participantes en cada grupo predijeron que se sentirían mejor si se retraían, el resultado del experimento fue lo opuesto. Al final del viaje, el grupo de personas que se conectó con un extraño reportó una experiencia más positiva que aquellos que permanecieron desconectados. Parece que sentimos que solo habrá incomodidad con un extraño cuando, en lugar de eso, una conexión inesperada crea buenas vibraciones.

Para respaldar los hallazgos arriba mencionados, otro estudio, llevado a cabo esta vez por Sandstrom y Dunn (2013), reveló cómo el ser nosotros mismos impulsados por la eficiencia al comprar una taza de café nos está robando una oportunidad de ser más felices. Mientras de manera rutinaria pasamos rápidamente por la transacción sin siquiera una sonrisa, el estudio descubrió que las personas que sonreían e interactuaban en una breve conversación con el barista experimentaron sentimientos más positivos que aquellos que se adhirieron al acercamiento impersonal eficiente.

Estos estudios tienen dos hallazgos principales. Primero, tendemos a *pensar* o *asumir* que estamos mejor si nos retraemos en lugar de tener breves interacciones con extraños. Segundo, estamos equivocados sobre lo primero. El simple acto de tratar con las personas en ciclos cortos ha demostrado hacernos más felices y más inclinados a ser sociales, y también nos ayudará a calentar de manera mental y psicológica para que seamos lo mejor en conversaciones y charlas sin importar el contexto.

Parece existir un asunto de inercia. A medida que pasamos nuestros días, estamos típicamente un poco encerrados en nuestras cabezas, o distraídos con lo que sea que estemos haciendo. Es como si la configuración social por defecto estuviese apagada. ¿Qué nos dice esto? Que, si queremos ser más sociables, maestros del arte de la conversación y si queremos hacer más amigos o simplemente ser esa persona que puede fácilmente hacer reír a la gente y caer bien, entonces debemos encontrar una manera de salir de este modo asocial. Tenemos que sentirnos más cómodos y ser más habilidosos al "encender" el modo social, algo así como que un atleta bien entrenado podría resultarle más sencillo comenzar a correr ¡que a alguien que no ha corrido por años!

Necesitamos ser parte de más interacciones breves, o lo que el investigador Steven Handel llama "relaciones de diez segundos" con otros, porque tienen el potencial de impulsar nuestro estado de ánimo, cambiar nuestras perspectivas, y animarnos socialmente. Es como si estas interacciones mantuvieran la máquina de socializar en marcha.

Claro que, ahora podríamos reconocer los beneficios de las interacciones breves, sigue siendo entendible cómo el pensamiento de entablar una conversación con un completo desconocido puede ser poco atractivo e incluso repulsivo para aquellos como nosotros que no somos mariposas sociales. No estamos preparados para involucrarnos en interacciones sociales fructíferas, así que preferimos la soledad al retraernos. Pero, si esta es tu respuesta instintiva ante al acercamiento directo a personas o entablar conversaciones con extraños, solo recuérdate que tienes la tendencia natural de retraerte. Probablemente puedas recordar una situación donde estabas encantado de haber tratado con alguien, incluso si al inicio estabas reluctante. Muchas personas odian las charlas simplemente porque cambiar el mecanismo al modo sociable puede sentirse complicado o incómodo. Pero olvidan que, pasado el calentamiento, los beneficios sobrepasan por mucho el costo inicial. Es muy parecido al ejercicio en la mañana. Claro, a tus músculos les toma tiempo calendar, pero pronto comienzas a disfrutar y a obtener los beneficios de la actividad física.

¿Cómo contrarrestamos nuestra tendencia natural a evitar las interacciones breves y prepararnos para conversar rutinariamente con otros? ¿Cómo fomentamos el hábito de estar interesados en las personas y construir suficiente confianza social para poder transformar ese interés en interacciones significativas?

Bueno, eso es parte de la lógica detrás de tratar solo con interacciones de diez segundos. Incluso podrías hacerlas de un segundo (¡Hola!) o cinco segundos (Hola, ¿qué tal tu día? Me alegra oírlo, ¡chao!), dependiendo de tu nivel de comodidad. Pero, mantén la meta pequeña, mantente consistente.

Encuentras constantemente múltiples oportunidades para calentar para las interacciones y para fomentar tu confianza social. Por ejemplo, piensa en tu típico día. De camino a tu trabajo, ¿cuántas personas ignoras por al menos un momento, sean aquellos que pasas en la calle, los que se sientan contigo en el transporte, o los están junto a ti en un ascensor? Saluda al menos a una de esas personas con un "buenos días" y ofrécele un elogio ("que bonito abrigo. La tela se ve cómoda"), una observación ("hoy no hay nubes en el cielo. Parece que las lluvias van a parar"), o una pregunta ("Veo que lees a John Grisham. ¿Cuál de sus novelas es tu favorita?").

Al almorzar, ¿lo haces solo, encorvado en tu escritorio de trabajo? En lugar de eso, trata de pasar tu hora de almuerzo en algún lugar con asientos compartidos, como la despensa de la oficina o un área de picnic cercana. Siéntate junto a un colega que siempre ves en tu edificio, pero con el que

nunca tuviste la oportunidad de hablar, y pon en marcha la conversación preguntando sobre los eventos recientes en la compañía ("escuché que tu departamento está iniciando un nuevo tramo de investigación. ¿Cómo va eso?").
Finalmente, cuando vas por provisiones de camino a casa, charla con otro comprador reflexionando sobre productos del mismo pasillo en el que te encuentras ("vi esta salsa en una receta en línea. ¿Has cocinado con ella?").

Al estar en la caja para pagar, sonríe y saluda al cajero (¿Cómo va tu turno hasta ahora?"). Este segmento de la sociedad es especialmente adecuado para ayudarte a practicar y calentar. De hecho, realmente no tienen mucha opción. Baristas. Conductores de taxis. Cajeros. El chico de las bolsas en la tienda. Camareros. Porteros. Aparcacoches.

El desempeño de su trabajo depende de sus habilidades de atención al cliente, y si quieren mantener sus trabajos, tienes que ser corteses contigo. Eso por sí solo debe eliminar el miedo que tienes de estrellarte y quemarte en cualquier interacción social porque es su trabajo prevenir eso y probablemente reírse de tus bromas. Verás que estrellarte y quemarte no es siempre tan malo, y las personas siguen con lo suyo rápidamente, probablemente olvidarán la interacción en los próximos diez minutos.

También existe típicamente una audiencia cautiva detrás del mostrador o la caja registradora. Estos empleados usualmente están atrapados detrás de una posición inerte por largos períodos de tiempo, y para aquellos que han tenido trabajos como los mencionados arriba... ya saben que no es la vida más emocionante del mundo. La mayoría del tiempo están completamente aburridos, así que tener a alguien que interactúe con ellos será una experiencia positiva. Harás que su día pase más rápido y les darás algo que hacer. Podrías ser la única persona que los trate con respeto y que muestre interés real en ellos como personas, con lo cual sin duda pasarás al primer plano de su día. En otras palabras, estarán encantados de hablar contigo.

Con las personas al servicio puedes probar diferentes historias, reacciones, frases, saludos, expresiones faciales y más. A menos que los ofendas de una manera profundamente personal, estas personas serán corteses contigo, pero puedes medir lo positivo de sus reacciones a tus tácticas para saber lo que funciona mejor. Puedes mejorar de manera continua y perfeccionar tus habilidades. Puedes ser testigo del progreso con interacciones futuras. A medida que ves cómo cambian sus reacciones, puedes afinar lo que estás haciendo y reforzar tu juego.

Esencialmente estás en un *ambiente seguro para practicar y pulir tus habilidades sociales* sin miedo a algún prejuicio o consecuencia. Más que eso, puedes aprender a leer a las personas, procesar sus señales, y calibrar tus interacciones de acuerdo a los tipos diferentes de personas. Este es un proceso de ensayo y error, pero puedes acelerarlo de manera exponencial al tratar con las personas con las que te encuentres.

Así que, haz que sea una meta iniciar y crear una interacción de diez segundos con un extraño cada día, y especialmente en camino a funciones, eventos y fiestas. Esto será un calentamiento para la conversación y fomentará el hábito de estar interesado en las personas.

Un ejercicio infantil

Calentar psicológicamente y meterte en el ánimo general de socializar de manera diaria son aspectos importantes a resaltar en las charlas, pero igual de importante es la manera en la que preparas tu cuerpo. Piénsalo de esta manera: la conversación es una carrera y tienes que calentar y prepararte para ella.

Cuando queremos lograr nuestra mejor carrera, sea atlética o académica, siempre ejecutamos algún tipo de calentamiento. Llegados a este punto es casi sentido común que necesites preparar tu cuerpo y mente de acuerdo al tipo de desempeño que quieres. Los corredores realizan estiramientos, los cantantes practican con las escalas. ¿Qué hay de las personas que son parte de una conversación?

Bueno, podría sorprenderte cuánta ayuda necesitan tus músculos parlantes y cómo ponerlos en forma puede volverte más carismático instantáneamente. Recuerda la escuela primaria, cuando no estabas prestando atención, el profesor te llamó, y tenías que pasar cinco segundos aclarando la garganta mientras todavía sonabas tímido e incómodo porque no estabas preparado. Eso es lo que buscamos eliminar, así como también buscamos imbuirte con un sentido de confianza.

Para calentar tus habilidades de conversación y charla, solo necesitas hacer algo que hemos hecho casi todos los días de nuestras vidas: **leer en voz alta**.

Suena sencillo, pero leer en voz alta esta vez será diferente de cualquier otra vez porque tendrás un objetivo. He proporcionado un pasaje de *El Mago de Oz*, el cual está en el dominio público, por si hay algún policía del copyright por allí. Si esto no despierta tu interés, siéntete libre de conseguir tu propio pasaje. Solo trata de asegurarte de que haya una multitud de emociones incluidas, preferiblemente con diálogos de diferentes personajes. Aquí tienes el pasaje:

Luego de bajar el muro de china, los

viajeros se encontraban en un país desagradable, lleno de pantanos y ciénagas y cubierto por un alto y maloliente césped. Era difícil caminar sin caer en los pantanosos hoyos, ya que el césped era tan denso que los escondía de la vista.

Sin embargo, al escoger cuidadosamente su camino, lograron irse de forma segura hasta alcanzar tierra firme. Pero, aquí el país se veía más salvaje que nunca, y luego de una larga y cansada caminata a través de la maleza entraron a otro bosque, donde los árboles eran más grandes y viejos que cualquier otro árbol que hayan visto antes.

"Este bosque es perfectamente encantador", declaró el León, mirando a su alrededor con alegría. "Nunca había visto un lugar más hermoso".

"Parece sombrío", dijo el Espantapájaros.

"Nada de eso", respondió el León. "Me

debe gustar vivir aquí toda mi vida. Ver lo suave que son las hojas secas bajo tus pies y lo rico y verde que es el musgo que guinda de estos viejos árboles. Sin duda alguna ninguna bestia salvaje podría desear un lugar más placentero".

"Quizás haya bestias salvajes en el bosque ahora", dijo Dorothy.

"Supongo que las hay", respondió el León, "pero no veo a ninguna por aquí".

Caminaron por el bosque hasta que se volvió muy oscuro para ir más lejos. Dorothy, Toto y el León se acostaron para dormir, mientras el Leñador y el Espantapájaros se quedaron cuidándolos como siempre.

Parece una tarea fácil, ¿cierto? Ve y trata de leer el pasaje de arriba para ti mismo. No tengas pena. Si de hecho ya lo hiciste, te darás cuenta de que literalmente sientes como si hubieses calentado y estás más listo para seguir hablando y conversando luego de usar tus cuerdas vocales un rato. Cuando sientes que has calentado físicamente, es más sencillo sentirse más preparado psicológica y socialmente. Pero, eso es solo el inicio. Ahora viene la instrucción.

Finge que estás leyendo el pasaje en voz alta a una clase de segundo grado. Lee el pasaje como si estuvieras haciendo una interpretación para un concurso, ¡y el ganador será juzgado por lo emocionante y ridículo que puede ser! Finge que eres un actor de doblaje para el tráiler de una película y solo tienes tu voz para expresar un amplio rango de emociones. Ve lo más lejos posible lo que, dado por sentado, no será mucho al inicio.

Exagera cada emoción que puedas encontrar al máximo. Grita partes de la historia mientras susurras en otras partes. Usa voces diferentes y chifladas para personajes diferentes. Ríete como un maniático, haz que cualquier ira hierva, que cualquier felicidad sea frenética, ya tienes la idea. Y si vamos al caso, ¿qué emociones estás captando en el texto? Incluso en pasajes tan cortos existen puntos emocionales altos y bajos. Exprésalos y hazlos sonar como un clímax para aumentar tu rango de emociones.

Presta atención a la tonalidad de tu voz. ¿Estás acostumbrado a usar un tono monótono? ¿Alguien sería capaz de captar lo que el personaje o narrado está pensando o tratando de expresar escuchándote? Usa el pasaje para practicar tu rango de expresividad vocal, trata de personificar el término *diversidad emocional*. Ve y trata una segunda vez con toda esta instrucción recién descubierta.

¿Escuchas una diferencia? Aquí tienes una instrucción adicional: presta atención a tu dicción y a cómo enuncias. En un sentido, estás literalmente calentando tu lengua para no tartamudear ni tropezar con tus palabras cuando hables con otros. Esta es otra razón por la cual tener un pasaje con diálogo. Mientras más grande sea la diversidad del texto que estás leyendo, calentarás de mejor manera. Si tienes el hábito de hablar entre dientes como un cascarrabias, detén eso y asegúrate de hablar tan claro como una campana.

Presta atención a tu respiración. ¿Sientes que te estás quedando sin aliento? Es porque tu diafragma está débil y no está siendo usando para proyectar ni para sonar seguro. Esa es la razón por la que los cantantes colocan su mano sobre sus estómagos, es para asegurarse de que sus diafragmas están en orden. Trata y asegúrate de que tu estómago está tenso y apretado. Date cuenta de cuanto aire estás inhalando en tu cuerpo y cómo estás usando ese aire en las palabras a medida que las dices.

El punto aquí es literalmente respirar vida en las palabras que estás pronunciando. Aquellos que hablan sin su diafragma inevitablemente terminan como silenciosos, tímidos y asustadizos. Mientras mejor puedas proyectar tu voz, más amplio será el rango emocional que puedes crear. Tu respiración, tu expresión vocal y tus emociones están firmemente conectadas. Si estás nervioso, tu respiración se vuelve superficial y tu voz se agita. Pero, también funciona de la otra manera: si puedes dominar tu respiración y tu voz, podría parecerte un poco más sencillo conquistar tus emociones nerviosas.

Otro elemento clave de cómo dices algo es, por supuesto, tu ritmo, la velocidad con la que hablas. Tu velocidad al hablar puede ser tu amiga o socavar lo que estás tratando de decir. La velocidad del ritmo puede implicar una emoción por sí sola. Por ejemplo, al demostrar un gran punto, debes bajar tu ritmo para permitir que se sienta el impacto. Si usas la velocidad equivocada y el ritmo no está acorde, mucho de lo que tienes que decir puede fácilmente perderse, confundirse o malinterpretarse. Adicionalmente, las pausas a tiempo pueden decir tanto como una expresión a través de las palabras.

¿Listo para leer el pasaje una vez más? Asegúrate de que estás utilizando todo lo que has leído. Ahora compara tu tercera versión con la primera que hiciste sin ninguna instrucción. *Esa* es la diferencia entre calentar y no hacerlo, y seguramente la primera versión es como lo normal para ti la gran mayoría del tiempo. Con suerte eso es suficiente evidencia ilustrativa para demostrar los beneficios del calentamiento.

Más que eso, podría mostrarte algo extra: que ser animado e involucrarte en situaciones sociales no es necesariamente natural o sencillo para nadie. Ciertamente toma un poco de esfuerzo, y toma algo de tiempo acostumbrarse a eso. Algunas veces las personas que quieren mejorar sus habilidades sociales erróneamente piensan que hay algo malo en ellos porque no se les hace más sencillo. Pero, ¡incluso las personas extrovertidas deben calentar de esta manera!

Este ejercicio, junto con toda la dirección incluida, ¿fue un reto masivo para ti? Es probablemente buena idea evaluar lo inexpresivo que resultas en las conversaciones del día a día. Ya has visto lo diferente que puede ser tu propia expresión en el primer round comparada con la expresión del tercer round. Aunque, ¿no te parece interesante que una versión más amigable, extrovertida y confiada de ti exista con solo un poco de preparación?

Si quieres, podrías tratar variaciones de

este ejercicio. Algunas personas podrían calentar de camino a una fiesta cantando a todo pulmón en el auto. Esto profundiza y regula su respiración, pone en práctica su expresividad al hablar y, al mismo tiempo, impulsa su ánimo y confianza. Podría sonar cursi, pero puedes conseguir el mismo efecto realizando un baile enérgico en tu habitación o hablando frente al espejo. Haces que tu sangre fluya, elevas tu energía, y te enfocas en tu expresión, tanto verbal como no verbal.

El bono es que mientras te sientes como un tonto y eufórico, de hecho estás estirando tus límites en términos de expresividad emocional y vocal. El simple acto de salir de tu zona de confort, incluso en privado, extenderá tus límites y te hará más expresivo y confiado en general. ¿Todo esto por leer en voz alta? Sí, ¡si lo haces con un objetivo y con meticulosidad!

Tu currículo de conversación

Los puntos anteriores de este capítulo sobre la pre-conversación se han centrado alrededor de tu psicología y tu fisiología. En otras palabras, para arrancar a toda marcha y tener una gran charla, debes encontrar maneras de estar en el ánimo adecuado para ello, no hemos incluido qué decir como tal, ¿cierto? Ahora arreglaremos eso.

Como se mencionó antes, la conversación no se trata siempre de pensar rápidamente al momento. Esa es una habilidad completamente diferente que puede ser desarrollada, pero lo que es más sencillo y útil todos los días es crear para ti un *currículo de conversación*, del cual puedes hacer uso en prácticamente cada conversación.

¿Qué diantres significa esto? Bueno, un par de cosas.

Primero, realmente pensamos en nosotros y lo que es interesante sobre nosotros para otros. ¿Alguna vez has jugado "dos verdades, una mentira"? Es un juego social para romper el hielo donde se supone que debes nombrar hechos interesantes e historias sobre ti, pero es bastante difícil para nosotros porque simplemente no nos preguntamos muy a menudo *¿qué quieren* *escuchar los demás de nosotros?* Construir este currículo ayuda a confirmar tu identidad, peculiaridades, logros y perspectivas únicas; de hecho, nos ayuda a ganar conciencia de nosotros mismo y autoconfianza.

Segundo, cuando estamos en la parte intensa de una conversación y se aproxima un silencio incómodo, algunas veces nos estresamos y nuestras mentes quedan totalmente en blanco. Tratamos de pensar con los pies sobre la tierra, pero estamos congelados. Un currículo de conversación llega al rescate porque es una visión general anotada de quién eres. Es una lista breve de tus mejores y más divertidas historias, tus logros notables, tus experiencias únicas, y tus puntos de vista sobre temas prominentes y problemas de la actualidad. Esto te permite guardar lo mejor de ti y tenerlo listo para usar.

No es diferente de un currículo que usarías para una entrevista de trabajo, pero sí con un objetivo en mente muy diferente. Conoce tus puntos personales al hablar, practícalos y mantenlos listos para ser liberados cuando sea necesario. Sin embargo, como con cualquier otra entrevista de trabajo, tener este currículo te permite presentar la versión de ti que más quieres que otros vean.

Podría parecer sin importancia tener tales pensamientos preparados, pero imagina lo insoportable que es el silencio en una entrevista de trabajo cuando tienes que espabilarte, pensar en una respuesta al momento, y responder sabiendo que tus palabras son genéricas o inútiles. Si alguien te pregunta cuál es tu mayor defecto, no tendrás que hacer algo desesperado, en lugar de eso puedes comenzar explicando por qué el hecho de que eres *muy* dedicado y trabajas *mucho* puede ser un defecto.

Es la diferencia entre tener una buena respuesta o historia cuando alguien pregunta, "¿qué hiciste el fin de semana pasado?" y simplemente decir "oh, no mucho. Algo de TV. ¿Qué hay de ti?". Y cómo algunos de nosotros podemos responder lo siguiente sin tartamudear ni atascarnos: "entonces dime, ¿cuál es tu historia?" El currículo de conversación te permitirá recordarte a ti mismo que no eres una persona aburrida después de todo, y que las personas deben tener razón al estar interesadas en ti y en lo que tienes que decir.

Desarrollar y actualizar de manera constante tu currículo de conversación puede salvarte de silencios incómodos y hacer que te conectes con otros casi sin esfuerzo. Podría ser difícil idearlo en este momento, pero imagina cómo facilitaría no tener el estrés de alguien mirándote fijamente, esperando tu respuesta. Es este proceso de agonía mental que se traducirá en un éxito conversacional real.

Con lo que coloques en tu currículo no siempre servirá en conversaciones del día a día, pero mientras más presente lo tengas en tu cerebro, más aparente será para otros, y más cautivador te volverás. Un gran efecto secundario, es que si sabes que estás listo y preparado de antemano, puedes relajarte un poco más, y esto te ayudará a aparentar (¡y sentir!) más confianza en el momento.

Hay cuatro secciones a cubrir en nuestro

currículo de conversación, y no es mala idea actualizarlas cada par de semanas. Ciertamente, puede que nunca hayas pensando en responder alguna de estas preguntas antes, lo que significa que estas partes de ti definitivamente no salen a relucir en una conversación. ¡No te subestimes!

Para estar más cómodo en situaciones sociales, es una gran idea hacer ese ligero cambio de perspectiva e imaginar lo que aparentas frente a otros, desde su punto de vista. Muchos de nosotros estamos muy encerrados en nuestras cabezas, perdemos de vista el hecho de que las personas conocen solo lo que compartimos con ellos directamente. ¡Muchas veces pensamos que somos más aburridos de lo que en realidad somos!

Ten en cuenta que, si alguien te hace una pregunta, no tienes que responderla de manera literal, en lugar de eso puedes redirigirlos hacia algo más que hayas preparado en tu currículo de conversación. Después de todo, cuando alguien pregunta "¿cómo estuvo tu fin de semana?", no significa que quieran saber algo sobre el fin de semana necesariamente, solo quieren escuchar algo entretenido para rellenar el silencio.

Vida diaria:
- ¿Qué hiciste durante el fin de semana? ¿Algo notable?
- ¿Cómo va tu semana/día? ¿Algo notable?
- ¿Cómo está tu familia/alma gemela? ¿Algo notable?
- ¿Cómo va el trabajo? ¿Algo notable?

Personal:
- ¿Cuáles son tus pasatiempos? ¿Algo notable?
- ¿Cuál es tu mayor pasión o interés fuera del trabajo? ¿Algo notable?
- ¿De dónde eres? ¿Algo notable?
- ¿Por cuánto has vivido en tu ubicación actual y por cuánto has trabajado en tu trabajo actual? ¿Algo notable?
- ¿Dónde fuiste a la escuela y en qué temas y actividades estabas involucrado? ¿Algo notable?
- ¿De qué trabajas? ¿Algo notable?

Notable:
- ¿Cuáles son tus cinco experiencias más únicas?
- ¿Cuáles son tus cinco logros más personales y significativos?
- Menciona diez fortalezas, cosas en las que estás sobre el promedio, no importa lo grande o pequeña que sea.
- Nombra diez lugares a los que has viajado en los últimos cinco años.
- Nombra las últimas cinco veces que has asistido a un evento social.
- Nombra cinco cosas sin las cuales no puedes vivir, no tomes esta pregunta tan literal. Es una pregunta sobre intereses no sobre productos básicos.

Estando al día:
- ¿Cuáles son los cinco eventos actuales principales de la semana *y* el mes? Conoce más sobre lo básico y desarrolla una opinión y posición en base a ello.
- ¿Menciona cuatro situaciones personales graciosas de la semana pasada? Conoce más lo básico y desarrolla una opinión y posición en base a ello.

- ¿Menciona las cuatro cosas más interesantes sobre las que las leído o escuchado en la última semana? Sé capaz de resumirlas como una historia breve.

Si alguna vez has sentido como tu mente se ponte en blanco, esta es la cura. Existen demasiadas piezas de información que has excavado sobre ti mismo que debe ser casi imposible quedarse sin cosas que decir. Recuerda revisar este currículo antes de dirigirte a situaciones socialmente intensas y serás capaz de seguirle el paso a cualquiera.

Podrías darte cuenta que mientras parece que algunas personas son más rápidas que un rayo, podrían simplemente recordar más sobre ellos mismos en ese momento.

Etapas conversacionales

Mira, la charla tiene una mala reputación. Tú mismo podrías encontrar todo el asunto algo aburrido o desagradable. Pero, fallar al entender el valor de la charla es como decir que te quieres casar, pero odias las citas. Una cosa típicamente lleva a la otra de una manera muy secuencial. Al inicio de este capítulo acotamos que el primer premio de la conversación es una interacción profunda y significativa con otros. Pero, la única manera de llegar allí es convirtiéndote en un experto de la charla primero.

Lo primero que hay que recordar, entonces, al tratar de mejorar nuestras habilidades sociales, es que la charla tiene un lugar muy importante en el arte de la conversación y dominarla te llevará a la "gran" conversación mucho más rápido. No, la charla como tal no es una habilidad que hay que adquirir porque es de vida o muerte. Pero, seríamos tontos si la ignoramos por completo y asumimos que, si valoramos las conversaciones profundas, podemos olvidar las charlas en su totalidad. ¡Lo opuesto también aplica!

La conversación, y por extensión la socialización y el cultivo de las relaciones con las personas, es algo que pasa por etapas, no de un solo golpe. Aleja la imagen y puedes ver en qué parte encajan las charlas y por qué son tan importantes, es el primero de muchos pasos para reducir la distancia entre tú y otra persona.

Puede ser útil pensar en las conversaciones como si ocurrieran a través de cuatro etapas diferentes, cada una progresivamente más íntima. Al asegurar gradualmente la confianza y el entendimiento con una persona, es más probable que establezcas la fundación de una buena relación. Similarmente, si aceleras alguno de estos pasos o si no los dominas bien podrían hacer que inicies con el pie izquierdo, arruinando así una conexión potencialmente buena con alguien.

La primera etapa es, sin novedad alguna, la charla, también conocida como intercambiar formalidades o el cotorreo en general. Esto es levantar una conversación a partir de un comienzo frío. La charla *tiene* que ser breve. El calentamiento conversacional debe girar en torno a un tema en el que todos estén cómodos de ser parte. Después de todo, en este punto no conoces en absoluto a la persona que está frente a ti.

Si te escabulliste hasta un extraño que podría convertirse en un gran amigo con el tiempo, y procediste a compartir una historia profundamente personal con él, sin ningún tipo de advertencia ni calentamiento, tendrías el efecto opuesto de lo que esperas, distanciamiento en lugar de intimidad. Así que, la charla es más o menos una cuestión de tiempo y ritmo cómodos.

El clima, eventos actuales generales o algo que esté pasando en el momento son todos buenos temas. Esta etapa no se trata de compartir quien eres per se, sino de hacer contacto y comenzar las cosas con el pie derecho. Evita cualquier cosa demasiado intensa o específica, el contacto visual prolongado y el contacto físico. Mantenlo trivial y sonríe. Tu meta es moverte *cómodamente* a la siguiente etapa.

Después de la charla, ambos podrían sentirse relajados para el segundo paso: la divulgación de hechos.

Esta es una fase de "conociéndote" donde puedes comenzar a compartir detalles de tu vida; donde trabajas o vives, intereses, lo que estás haciendo en ese momento o algo que conecte la charla anterior a la posición en la que ambos se encuentran actualmente. Aquí tienes la oportunidad de abrirte un poco más y compartirte como persona, lo que permite que se fomente la confianza. Sin embargo, ten en cuenta que esta es una divulgación de *hechos*, mantén las opiniones y emociones fuertes fuera de escena por ahora.

Permite que la otra persona te conozca gradualmente y solo incrementa la intensidad si están cómodos y respondiendo a tus divulgaciones por voluntad. Si no, está bien, solo mantente a ese nivel. Si responden tu información con algo de información sobre ellos, es probable que te puedas mover a la siguiente etapa.

La tercera etapa, divulgación de opiniones, los acerca todavía más.

Encontrar intereses comunes te permite compartir puntos de vista y opiniones. Encontrar lo que hacen que sean lo mismo es un intento deliberado de buscar la base de la amistad. Sin entrometerte, haz preguntas consideradas que te permitan encontrar una potencial área de similitud.

Podrías tener que charlar por un rato para toparte con alguna referencia compartida de opinión común, pero no necesariamente tiene que ser una conexión masiva. Si has llevado tu charla por el buen camino y has divulgado algunos hechos útiles sobre ti mismo (y has escuchado lo que te han dicho a cambio) puedes comenzar a encontrar puntos en común interesantes para discutir.

¿Estudiaste algo similar en la universidad? ¿Ambos tienen hijos? O, ¿Comparten algún interés inusual?

El contexto de tu conversación determinará lo profundo que puedes ir. Una charla aleatoria con un extraño aparentemente interesante en una parada de autobús probablemente será un poco más superficial que conocer al nuevo prometido de tu hermana. Pero, los pasos serán los mismos. Los buenos conversadores saben cómo mantener sus orejas paradas para hechos y detalles que pueden utilizar o sobre los que pueden hacer preguntas. ¡Las personas pueden ser realmente fascinantes si les haces las preguntas correctas!

Sin embargo, sé consciente de que, si no has tenido mucho éxito en las etapas anteriores, buscar una conexión compartida podría sentirse un poco descarado o poco grato si la otra persona quiere moverse de manera más lenta. Podrías descubrir accidentalmente un punto de fricción y tienes que ser capaz de contar con el apoyo de una buena compenetración o cordialidad de las etapas anteriores.

La conversación es un balance muy fino, quieres conectarte con otros, pero debes mantenerte respetuoso y observador y mantener una distancia cómoda mientras conoces a la otra persona. Simplemente entender que abrirse honestamente a otra persona toma tiempo y confianza, ya que podría llevar a mucha incomodidad o confusión. Muévete a la tercera etapa si la conversación se siente relajada y positiva.

La última etapa de la divulgación de emociones es donde te abres incluso más y compartes sentimientos personales directamente. Esto tiene que ser genuino. Todos tienen diferentes umbrales para este nivel de intimidad, así que es importante que los participantes de la conversación confíen y estén cómodos de manera auténtica entre sí, ¡de ahí el porqué de todas las otras etapas! Podrías hablar sobre algo por lo que estás emocionado o asustado, compartir un cumplido sincero o una opinión privada.

Por supuesto, una buena relación se mantendrá en esta etapa final y se profundizará al momento de compartir mutuamente emociones e ideas más vulnerables. Sea algo romántico, de negocios o un lazo familiar, llegar a esta etapa requiere esfuerzo y no es algo que haya que dar por sentado. Aunque las charlas podrían parecer una pérdida de tiempo para algunos, piensa en ellas más en un compromiso para establecer las fundaciones iniciales de una relación más cercana en el camino.

Enseñanza:

- Somos una especie social y múltiples estudios lo confirman. La falta de una interacción social como tal es dañina y, para nuestros objetivos, la falta de una interacción social *sustancial* no es mejor. Obtener la habilidad y el talento para adelantarse en una charla tiene un valor increíble para las relaciones antiguas y futuras de tu vida. Sin embargo, antes de que saltemos a las tácticas de conversación, es útil comenzar con el momento antes de conocer y saludar a alguien como tal. ¿Cómo podemos prepararnos de antemano para tener charlas e interacciones geniales consistentemente? De muchas maneras de hecho.

- Existe un par de maneras en las que podemos prepararnos para las charlas y calentar, por así decirlo. Los dos acercamientos son lo que podrías asumir: fisiológicamente y psicológicamente. La preparación psicológica es un asunto de ponerte de ánimos para socializar y también acostumbrarte a iniciar la interacción. Esto puede ser logrado con las "relaciones de diez segundos", las cuales te sumergen en el objetivo, aunque sea por un momento. La idea es comenzar poco a poco, con bajas expectativas, y partir de allí. Eventualmente, verás que es fácil y bastante seguro, podrías incluso encontrarlo agradable y

frecuentemente querrás extenderte más allá de los diez segundos.
- Físicamente, debes buscar un calentamiento leyendo en voz alta antes de socializar y asegurándote de exagerar la expresividad y variación emocional. Lee un pasaje en voz alta tres veces y nota la diferencia en cómo lo abordas y podrás ver instantáneamente el contraste con la manera en que eres percibido. Debes actuar como un profesor leyéndole a niños en la escuela, y repasando toda la gama de emociones, expresiones y voces. Ve más allá. Esto es para que hagas un calentamiento, así como para que te percates de la falta de expresividad que probablemente posees normalmente.
- Una manera adicional de prepararte antes de las conversaciones es poner tu propia información y vida en orden y esto puede ser logrado haciendo un currículo de conversación. El objetivo es indagar en tu pasado y encontrar lo que te hace una persona interesante y asegurarte de que todo lo tienes en la punta de la lengua para un fácil uso. A menudo olvidamos lo que podemos

aportar a una conversación y esta falta de temas disponibles añade sentido de estrés y evitación.
- Todos odiamos las charlas, pero esta tiene su rol. Conocer a alguien ocurre de una manera secuencial y no podemos saltarnos los pasos si queremos ir más allá. Puede decirse que existen cuatro etapas para una interacción, y una charla es la primera etapa, seguida de la divulgación de hechos, la divulgación de opiniones y luego le divulgación de emociones. Se puede jugar con la secuencia, pero entender el rol de la charla es fundamental.

Capítulo 2. Primeras impresiones

La mayoría de las personas no se mete de cabeza en una conversación, es decir, si no quieren ser percibidos como incómodamente intensos o groseros. En lugar de eso, gentilmente sumergen un dedo y prueban las aguas. Extienden un pequeño gesto o idea hacia la otra persona, miden la respuesta, luego hacen ajustes de acuerdo a esa respuesta, poco a poco. Si nunca has conocido a nadie antes, naturalmente sientes que debes mantenerte reservado para poder calibrar tus interacciones, leer a tu nuevo conocido y determinar lo familiar o relajado que puedes ser.

Por ejemplo, ¿recuerdas cuando estabas en la escuela primaria y descubriste que tendrías un profesor sustituto al día siguiente? Fue un momento alarmante para muchos, a menos que odiaras a tu profesor usual. Fue alarmante porque nunca sabías lo estricto o agresivo que podría ser el sustituto y tenían que mostrar el mejor comportamiento por un par de días hasta descubrirlo. ¿Quién sabe si este sustituto era el tipo que sacaba repentinamente una regla y te pegaba en los nudillos o si te regañaba ferozmente por salirte de la línea?

A la mañana siguiente, imagina que el profesor sustituto entra con una postura impecable y se dirige a todos como "señorito" y "señorita" a pesar de que tienes solo ocho años. Ese es el tono que decidió establecer, el cual obviamente no es ideal para ti. Pero, ¿qué tal si el profesor sustituto entrara con una camisa floja y sandalias e inmediatamente se dirigiera a la clase como "cuates" y "tipos"? No digo que uno sea superior al otro, pero un tono está siendo intencionalmente establecido por cada uno de estos profesores. Te muestra cómo prefieren interactuar con los estudiantes y cómo quieren ser tratados.

En una conversación, y especialmente cuando inicia una charla, estamos enviando las mismas señales, pero probablemente no nos damos cuenta. Todos estamos midiendo a los demás de una manera similar y las personas hacen lo mismo contigo. Observan cómo te conduces, lo que les permite saber qué tipo de interacción podrías preferir. Así que, ¿a qué tipo de profesor sustituto te pareces para los extraños, conocidos, e incluso amigos?

Al saber que estás creando una impresión en todos los que conoces, debes ser consciente de establecer el tono adecuado con otros. La charla es, por supuesto, la porción verbal del mensaje que estamos enviando a otros, pero existen otras maneras no verbales de comunicarte. ¡Quizás la charla no se sentiría tan breve si hacemos un conteo de *todos* los datos que realmente estaban siendo transmitidos en una interacción entre dos extraños!

¿Qué tipo de señales estás enviando? Para nuestros objetivos, idealmente queremos enviar señales de comodidad y familiaridad. Es entendible que puedas no estar cómodo siendo el primero en realizar el contacto, pero es muy frecuente que esto cause un juego de gallinas donde no hay movimiento alguno.

Podemos mantenernos lejos del éxito de la charla al hablar como extraños, enviar señales de incomodidad y distancia, y simplemente actuando como si no fuéramos amigos. Cuando tratas a las personas como extraños, los extraños permanecerán de esa manera. Establecer el tono significa dar el salto mental hacia "ahora somos amigos" y tratarlos como tal.

¿Y la mejor manera de hacerlo? Con pasos de bebé.

Establece el tono

A riesgo de sonar redundante, al nivel más básico, esto significa hablar como amigos y dejar de conversar con todos como si los acabaras de conocer en un evento profesional de red contactos. *¿Cómo hablan los amigos exactamente?*

Tengo una anécdota personal útil para compartir sobre cómo hablan amigos, familiares, conocidos y todos aquellos que hacen amigos rápido. Fue hace un par de años, y nunca adivinarás quién era la otra parte.

Tuvimos un corto intercambio de formalidades y situaciones desagradables de acá para allá y luego saltamos al asunto. No fue en particular lo que mi compañera de conversación me dijo; fue el acercamiento que tuvo. Mi compañera esencialmente no tenía filtro alguno y lo que sea que pasara por su mente, lo preguntaba. Fue refrescante, ya que el día tras día puede ser uniforme y común, sin un camino claro a algo más sustancial o interesante.

A algunas personas les gusta saltar superficialmente de un tema a otro y no involucrarse como tal, esta fue una experiencia opuesta. La falta de filtro significa que la conversación irá a lugares que son interesantes, cargados de emoción y en cierto modo inapropiados.

(Claro que, los mejores temas siempre son inapropiados. Solo muy pocos temas son verdaderamente inapropiados, solo tienes que hablar sobre estos temas de una manera apropiada).

Hablar con alguien que no andaba con rodeos por el bien de parecer *apropiado* era refrescante. Ella no temía hacer las preguntas más profundas y duras, sin importar cuántas veces tenía que preguntar, "¿pero por qué?" para entender algo. A menudo nuestra conversación terminaba en un hoyo que otros hubiesen evitado. Ella tenía que preguntar varias veces antes de darme cuenta de lo que yo mismo estaba diciendo.

No había juicio y era aparente que sus preguntas eran motivadas por pura y genuina curiosidad. Me hizo sentir cómodo estar vulnerable y compartir mis pensamientos más privados. En esencia, nos habíamos saltado la mayoría de las fases de la charla, nos habíamos husmeado, y nos fuimos directo al grano, hablando como si nos hubiésemos conocido desde hace mucho, mucho tiempo. Sin duda alguna este es el tipo de interacción correlacionada con el bienestar y la felicidad general que se discutió al inicio de este libro.

Me atrapaste, mi compañera de conversación era una niña de ocho años que conocí en la parrillada de un colega. Para la mayoría de nosotros, tenemos problemas con la conversación cuando pensamos mucho. Lo analizamos en nuestra cabeza, tratamos de planear, e innecesariamente filtramos lo que tenemos que decir. Nos apegamos a reglas conversacionales y nos dejamos llevar por nuestra propia experiencia de incomodidad o por ser apropiados al punto de que olvidamos ver y disfrutar a la persona que está justo frente a nosotros. Lo que sale cuando hablamos podría bien ser "correcto", pero sigue siendo sumamente formal o forzado por pensarlo mucho.

No importa lo emocionante o lo emocionalmente interesante que sean los pensamientos en nuestra mente, lo que sale de nuestra boca puede ser realmente soso. Así que nos apegamos a los temas ya probados y seguros. Filtramos toda la emoción y la intriga porque no queremos exasperar o porque nosotros mismos somos cohibidos. Nos censuramos a nosotros mismos y hacemos suposiciones sobre lo que otras personas quieren escuchar de nosotros.

Los niños no tienen este problema y ese es el tono que establecen. Como resultado, todos actuamos de cierta manera hacia los niños curiosos y sociables, ¿cierto? Dejamos que nos guíen. Esta siempre es una opción que tienes. Solo para estar claros, el punto es ciertamente no actuar como un niño, ni siquiera necesariamente infantil. Es solo entender que todos enviamos ciertas señales cuando interactuamos con otros, y los niños envían unas muy únicas que típicamente nos permiten abrirnos y esto hace que las interacciones sean divertidas y entretenidas.

Dentro del primer par de segundos de una interacción, puedes establecer la etapa para el tipo de compromiso que es abierto, atrayente, novedoso y genuinamente amable. Puedes tratar la interacción como algo totalmente nuevo, una experiencia nunca antes vista, y hacer que tu compañero de conversación se sienta como si nunca hubiese sido tan escuchado. O puedes enviar inconscientemente señales que digan "no estoy *realmente* interesado en esta conversación".

Recuerda no ser tan literal y serio; una actitud alegre y relajada como lo que ya tienes con tus amigos está bien. Sé menos predecible y da respuestas inesperadas e inusuales. Si alguien pregunta cómo estaba el tráfico, no ofrezcas una respuesta meramente descriptiva y precisa. Inventa algo, o di lo opuesto a lo que quieres decir realmente (el dichoso sarcasmo). Juega con el idioma y usa expresiones y frases coloridas. El auto es tu carroza, el sol es tan brillante como los lentes de Elton John y la naranja es tan dulce como un camión de azúcar sintética.

Puedes traer algo de alegría simplemente al exagerar un poco, ser absurdo o caer en la extravagancia de una manera que hace que las personas se sienten y presten atención. Cuando estamos un poco ansiosos socialmente o nos falta confianza, podemos comenzar a ver la conversación como un campo de batalla, ¡pero no lo es! Es más como un parque infantil, si quieres que lo sea. Durante una estresante cita en el doctor, un padre podría subir el ánimo al ver a su niño haciendo pucheros con una expresión impávida y decir "doctor, ¿es muy tarde para adoptar?".

Podrías encontrar efectivo malinterpretar una situación deliberadamente de una manera completamente absurda. Si alguien dice que le encantan los niños, bueno, puedes llenar el espacio en blanco.

Plantea preguntas hipotéticas para liberar gentilmente a las personas de su regular vida monótona, o haz algún tonto juego de rol. Estás en una biblioteca y el lápiz de alguien rueda por debajo de un escritorio hacia ti. Lo atrapas y pretendes regañar al lápiz, pero luego ves con una mirada triste a la otra persona; "lo siento, pero creo que el lápiz ya no te quiere…".

El sarcasmo es otra herramienta. Un conocido te pregunta cómo estuvo tu día en la oficina de registro y tu sonríes ampliamente y exclamas: "¡fantástico! ¿Has estado allí? Es *hermoso* esta época del año estar atrapado en ese hotel de lujo".

Algunas veces, llamar la atención deliberadamente a la situación en la cual ambos están también puede crear el sentimiento de camaradería. Cuando "rompes el cuarto muro" hablas exactamente sobre lo que estás pesando, quizás teniendo una conversación sobre la conversación que estás teniendo. Muchos intercambios difíciles de hecho han sido revividos por alguien con el coraje de decir "vaya, esto es un poco incómodo; ¿cierto?" Si tú, por alguna impredecible razón pasas veinte minutos discutiendo los méritos del vello pectoral, este sería un blanco al que señalar como una indirecta autorreferencial.

Lo que es importante aquí es que ninguna de estas cosas son reglas que pueden ser aprendidas y aplicadas. En lugar de eso, es una actitud que descansa en una comodidad, simpatía y curiosidad genuinas. Por esto es que las personas encuentran el humor tan atractivo, aquellos que pueden reírse de sí mismos o de la vida están enviando mensajes fuertes de que no están agobiados, estresados ni incapaces de seguir adelante. En lugar de eso, están dentro de una mentalidad juguetona. ¿Y quién no quiere platicar con alguien con esa mentalidad?

¿Entonces cómo actúas como si fueran amigos? No hay pretensión, hay una familiaridad asumida, dices lo que está en tu mente, muestras tus emociones y haces preguntas más profundas y cargadas de curiosidad. No te sientas allí y te preocupas si te están juzgando ni tampoco los juzgas a ellos. Hay un sentimiento de comodidad afectuosa y un sentido de que están haciendo algo que disfrutan.

La próxima vez que pases tiempo con un grupo de amigos, trata de sentarte atrás y analizar la interacción que tiene lugar frente a ti. Nota la absoluta falta de esfuerzo. ¿Cómo se relacionan las personas entre sí? ¿Qué tipo de preguntas hacen todos? ¿Y cuáles son las señales de que todos ustedes están cómodos y familiarizados entre sí?

Además, presta especial atención a los

temas siendo lanzados. Te darás cuenta muy rápidamente que se adhieren a las etapas de la charla de los capítulos anteriores. Algunos hechos serán compartidos, como historias de las vidas de algunas personas o eventos divertidos. Luego las personas serán parte de un intercambio y compartir de opiniones e indagarán incluso más profundo hasta llegar a cómo esas opiniones impactan emociones. Todo esto es logrado desde una perspectiva de curiosidad e interés genuinos, más que la fuerza o un sentido de obligación.

Algunas veces es mejor jugar seguro y ser precavido con cómo nos presentamos a nosotros mismos. Sin embargo, esas instancias no constituyen la mayoría de nuestras vidas. La lección más grande de esta sección debe ser que en serio somos capaces de establecer el tono y la mayoría de nosotros lo hace de una manera que es contraproducente, pero somos capaces de cambiar eso si ponemos un poco de esfuerzo.

Haz el primer movimiento

Estamos listos para comenzar a platicar. Por supuesto, hablo de romper el hielo. Para la mayoría de nosotros, esto es lo que imaginamos cuando estamos tratando de crear una primera impresión.

Para ser franco, no es que no sabemos qué decir, justo como cuando olvidamos el nombre de alguien, sabemos el camino más directo para obtener lo que queremos. Simplemente debemos preguntar. Así que la manera más sencilla y más directa de romper el hielo es solo decir hola y presentarte con tu nombre. Pero, esto no es útil para la mayoría de nosotros porque típicamente nos sentimos demasiado incómodos al ser tan directos. Por consiguiente, aparece la necesidad de tácticas ladinas para lograr lo que queremos a través de medios indirectos.

El mundo entero de tácticas para "levantarse" una cita y la idea de que debes tener algún tipo de juego, movimiento o estrategia para acercarte a otras personas, refuerza esta desastrosa idea. Parecemos olvidar cómo nos comportaríamos en la otra posición: la mayoría de las personas diría que, si se les acercaran casualmente con un interés genuino y una amabilidad respetuosa, responderían de manera positiva. Pero, de alguna manera, nos sentimos muy incómodos dando el primer paso nosotros mismos.

Nuestra incomodidad ocurre por una multitud de razones, resumidas por el sentimiento de que estamos interrumpiendo a las personas o causándoles inconvenientes. Tenemos problemas rompiendo el hielo con extraños, a pesar de ser algo tan sencillo porque creamos un bucle de pensamientos del tipo "pensarán que..." o "qué pasa si...", en nuestros cerebros.

¿Qué puedo decir para evitar ser incómodo? ¿Qué tal si los estoy interrumpiendo? ¿Pensarán que soy estúpido? ¿Qué tal si están ocupados? ¿Qué debería decir? ¿Qué puedo decir?

Por ejemplo, si platicamos con un extraño o interrumpimos a dos personas que están teniendo una conversación, tememos que:

- Piensen que soy un raro.
- Piensen que soy un bicho raro.
- Piensen que soy grosero.
- Se molesten.
- ¿Qué tal si quieren hablar en privado?
- ¿Qué tal si ya odian mi rostro?

No importa si nada de esto es verdad, nosotros *creemos* que es verdad y esto nos bloquea las soluciones sencillas para el problema de romper el hielo. En cuanto al asunto de realizar presentaciones, necesitamos encontrar tácticas para debilitar los juicios y las suposiciones que hacemos de nosotros mismos. La (¿quizás aburrida?) verdad es que la mayoría de las personas es bastante indiferente a otras personas realizando el primer movimiento. Es solo ansiedad y nuestros sesgos lo que nos hace asumir una respuesta negativa donde de hecho no hay nada peor que una respuesta neutral.

Así que, ¿cómo puedes sentirte bien sobre romper el hielo? Al hacerlo de manera indirecta. En otras palabras, tener algún tipo de excusa o justificación para hablar con alguien. Cuando se nos ocurre una razón, de repente es fácil interrumpir a las personas o caminar hacia un extraño.

Por ejemplo, imagina que eres intensamente tímido y nervioso. Evitas la mayoría de las formas de interacción social. Pero, si estuvieses completamente perdido y al borde del agotamiento, ¿tendrías problemas al caminar hacia alguien y pedir indicaciones? Lo dudo y no solo debido a la necesidad. Sentirías que tienes una razón convincente para hablar y eso anularía tu miedo al juicio.

Ese es el significado de indirecto en este contexto: tienes que tener una razón real para acercarte a alguien, y cuando creemos esa razón para nosotros, nos podemos convencer de tomar acción con mayor facilidad. En otras instancias, podrías referirte a este sentimiento como *negación plausible*, donde tienes una razón verosímil para decidirte e iniciar una conversación de una manera que nadie piense que eres grosero o raro. *De hecho, si piensan que eres grosero o raro, ellos son los groseros o raros.*

Pero, nuevamente, este es un truco que

usamos para lidiar con nuestra propia incomodidad y ansiedad y no para lidiar con la respuesta negativa de otros. Si nos convencemos *a nosotros mismos* de que tenemos una razón legítima para colarnos en el espacio o conversación de otra persona, entonces nos sentimos más capaces de hacerlo. Piensa en ello como rueditas de confianza. Cuando te vuelvas más seguro de tus habilidades sociales, podrías ya no necesitar un pretexto y no te sentirás apenado para hablar directamente con las personas.

Mientras tanto, quiero presentarte tres métodos indirectos para romper el hielo que ayudan a hacer que te sientas seguro porque no estás necesariamente caminando hacia alguien solo para comenzar una conversación y ya. La parte más difícil de la batalla es hacer que romper el hielo se sienta aceptable, es un problema de "no tengo la confianza" o "no me siento cómodo", más de "no sé qué decir". Recuerda que pedir indicaciones justo al borde del agotamiento hace que todas esas preocupaciones pasen a segundo plano.

El primer método indirecto de romper el hielo es pedir a las personas una *información objetiva* o una *opinión subjetiva*. Estas pueden ser preguntas válidas e importantes que podrían necesitar que uno hable con un extraño. No importa necesariamente si la persona con la que estás hablando sabe la respuesta, es solo una manera de comenzar un diálogo. Para eso, ni siquiera importa que tú *no* sepas la respuesta.

- Disculpa, ¿sabes a qué hora comienzan los discursos?
- ¿Sabes dónde está el Starbucks más cercano?
- ¿Qué piensas del discurso que dio el CEO?
- ¿Te gusta la comida de aquí?

Los primeros dos ejemplos buscan una información objetiva, mientras los otros dos buscan una opinión subjetiva.

El segundo método indirecto de romper el hielo es comentar sobre algo relacionado con el ambiente, contexto o situación específica. Puede ser algo tan simple como una observación. Imagina que estás pensando en voz alta y haciendo que la gente responda.

- ¿Viste esa pieza de arte en el muro? Que concepto tan loco.
- La iluminación de aquí es hermosa. Creo que vale más que mi casa.
- Este es un DJ increíble. Pone todas las baladas de los 80.

Nota como estas son pequeñas declaraciones y no preguntas directas. Estás invitando a alguien a comentar algo sobre tu declaración en lugar de pedirles que se involucren. Si deciden no involucrarse, no hay daño alguno. No estás poniendo ninguna presión sobre ellos para que respondan y no debes esperar una respuesta necesariamente.

El tercer y último método indirecto para romper el hielo es hacer un comentario sobre algo en común que comparten. Por ejemplo, ¿por qué ambos están en el apartamento de tu amigo Jack? ¿Qué negocios los trae a ambos a esta conferencia de contactos en Tallahassee? ¿Qué clase de mala suerte los ha traído al departamento de vehículos esta mañana?

- Entonces, ¿cómo conoces este lugar?
- Entonces, ¿cómo conoces a Jack?
- ¿Jack te contó alguna vez de cuando fue a esquiar con su perro?

La idea con estas cosas en común es que son temas de conversación instantáneos porque habrá una clara respuesta detrás. Estos rompedores de hielo indirectos no son una ciencia, pero su valor principal radica en hacerte sentir bien al tratar con alguien en una conversación, lo que es el problema real.

No necesitas ninguna habilidad o confianza en particular para esto. De hecho, si la persona con la que estás hablando es lo suficientemente perceptiva, probablemente puede darse cuenta que estás usando una excusa para abrir un diálogo. En cualquier caso, la mayoría de las personas responderá de manera positiva a alguien que se está esforzando, así que realmente no hay mucho por perder. No te preocupes por practicar mucho o por encontrar las palabras adecuadas. La idea es simplemente dar el primer paso. Eventualmente podrías llegar al punto donde te sientes cómodo caminando hacia alguien y dándole la mano, mientras tanto puedes comenzar aquí.

Encuentra similitudes

Ve hacia atrás a la última vez que conociste a alguien nuevo en un evento de contactos o en una fiesta. ¿Cuál fue el primer tema que salió de tu boca? Probablemente fue uno de los siguientes:

- ¿De dónde eres?
- ¿Cómo conoces estos lados?
- ¿Cómo estuvo tu fin de semana?
- ¿A qué escuela fuiste?
- ¿De qué trabajas?
- ¿Vives lejos de aquí?

Aunque estas son preguntas de una charla cualquiera, las preguntamos por instinto, no porque sean geniales para romper el hielo. De hecho, como bien sabes, usualmente son terribles para romper el hielo y pueden hacer que la persona se aburra inmediatamente. Podrías haber tenido una reacción física negativa al leer esas señales.

De hecho, hacemos estas preguntas por instinto porque estamos buscando cosas en común. Estamos buscando el momento de "¡yo también!" que puede poner en marcha una conversación más profunda y, por consiguiente, mejorar la primera impresión. Por ejemplo, si hacemos la pregunta "¿dónde estudiaste?" estamos esperando que hayan asistido a la misma universidad que la nuestra, donde tenemos amigos en común. La siguiente respuesta natural es una variación de "¡oh, vaya! ¡Qué mundo tan pequeño! ¿Conoces a James Taylor? Él también estudió allí más o menos en la misma época que tú".

Aunque no nos demos cuenta, siempre estamos buscando similitudes y dichas similitudes son otra manera de establecer el tono de una amistad, familiaridad, comodidad y sinceridad. Es el tipo de sentimiento que compartes con tus amigos y ese mismo sentimiento puede disparar instantáneamente tu buena relación.

Aunque nos gustaría pensar que somos de

mente abierta y podemos llevarnos bien con personas de cualquier origen, la realidad es que usualmente nos llevamos mejor con personas que pensamos que son como nosotros, buscamos a estas personas.

Este rasgo es la razón por la que existen lugares como La Pequeña Italia, Chinatown y Koreatown. Pero, no se trata solo de raza, color de piel, religión u orientación sexual. Hablo de las personas que comparten nuestros valores, miran el mundo de la misma manera que lo hacemos nosotros, y tienen la misma opinión de las cosas. Como dice el dicho, Dios los cría y ellos se juntan. Esta es una tendencia humana común que está arraigada en cómo se desarrollaron nuestras especies. Al caminar en una tundra o un bosque, estarías condicionado para evitar lo que no es familiar o lo que es de fuera porque hay una alta probabilidad de que quiera matarte.

Las similitudes hacen que nos relacionemos mejor con otras personas porque pensamos que nos entenderán a un nivel más profundo. Si compartimos al menos una similitud significativa, entonces siguen todo tipo de rasgos positivos, porque lo vemo como nuestro contemporáneo, esencialmente una extensión de nosotros. Cuando piensas que una persona está a tu nivel, quieres conectarte con ella porque probablemente te entenderá mejor que muchos.

Imagina que naciste en un pequeño pueblo de Suráfrica. La población del pueblo se encuentra entre 900 y 1000 personas. Ahora vives en Londres y estás en la fiesta de un amigo. Conoces a alguien que también es del mismo pueblo de Suráfrica, solo que ocho años mayor, así que nunca se encontraron.

¿Qué sentimientos cálidos tendrás inmediatamente hacia esta otra persona? ¿Y qué suposiciones harás sobre ella? ¿Qué tan interesado estarás en conectarte con ella y pasar más tiempo con ella en el futuro? ¿Qué chistes locales o puntos especializados de referencia puedes discutir que no hayas podido antes con nadie?

Con suerte esta ilustración traerá a casa el valor de la similitud y cómo dirige nuestra conexión conversacional. Así que, como se mencionó, típicamente usamos las preguntas en charlas para encontrar similitudes, pero hay maneras mejores y más efectivas de descubrir cosas en común con una persona. Por ejemplo, siempre debemos *buscar* similitudes o *crear* oportunidades para ellos. Ambas cosas requieren esfuerzo e iniciativa. Hablemos primero de buscar similitudes.

Podemos *buscar* similitudes al hacer preguntas exploratorias de personas y usar sus respuestas como la base para mostrar una conexión, no importa lo pequeña que sea. Haz preguntas para descubrir qué se trae la gente, lo que les gusta y cómo piensan. Luego ve más allá dentro de ti y encuentra pequeñas cosas en común, como tu equipo de béisbol favorito o tu bebida favorita. A través de estas cosas en común más pequeñas podrás ser capaz de descubrir lo que les mueve el piso y encontrar similitudes más profundas para congeniar instantáneamente. Tal como estarías muy feliz por conocer a alguien de ese pequeño pueblo surafricano, estarías eufórico por conocer a alguien que comparte un amor por el mismo pasatiempo que tú.

Esto no toma meses o años, y no necesita ninguna circunstancia especial como pasar por un campamento militar juntos. Solo requiere que veas hacia afuera y te des cuenta de que las personas tienen actitudes, experiencias y emociones en común, solo tienes que encontrarlas. Haz que sea cómodo hacer preguntas e indagar más allá de lo usual. (¿Es raro que preguntes cinco cosas seguidas? No debería serlo). Al inicio podría sentirse un poco invasivo. Encuentra las experiencias compartidas y úsalas.

Para cada tema, puedes encontrar alguna parte con la cual relacionarte y conectarte, en lugar de buscar una variedad de temas superficiales como una entrevista de trabajo. No te detengas en el tema inicial. Si alguien dice que ama el béisbol, por ejemplo, podrías tratar de entender el porqué de eso y por qué es tan fanático de un juego que involucra golpear una pelota con un palo muy grande. Imagina que su amor por el béisbol viene por su padre, con quien es bastante cercano, bueno, tienes (o tenías) un padre en algún momento, también con un lazo (un buen lazo espero). Esa es una similitud bastante poderosa. Buscar similitudes será mucho más sencillo en la mayoría de los casos.

Naturalmente, debes tener cuidado de que, cuando estés buscando similitudes, no te enemistes accidentalmente con la otra persona o la pongas en una situación incómoda. Echa un vistazo a este (tristemente común) escenario:

A: "Oye, ¿Has visto la serie XYZ?"
B: "Realmente no, he escuchado que es popular, ¡pero yo no la he visto!"
A: "Oh. En serio deberías verla. Es genial. Se parece mucho a [nombra otra serie similar]. ¿La has visto?"
B: "No, no, no me suena."
A: "!¿No?! Te pierdes bastante. ¿Y qué hay sobre [da el nombre de otro programa relacionado]? ¡Por favor dime que la has visto!"

Puedes ver el problema. En lugar de que las preguntas de A ayuden a encontrar cualquier punto en común para fomentar la intriga, están logrando lo opuesto, y haciendo que B se sienta fuera de lugar, desinformado, o que sienta que tiene mal gusto. Vale recordar que las cosas en común van más allá del gusto por la misma música o estar familiarizado con las mismas referencias culturales. Mira otra manera en que puedo desarrollarse la conversación:

A: "Oye, ¿Has visto la serie XYZ?"
B: "Realmente no, he escuchado que es popular, ¡pero yo no la he visto!"
A: "Oh, es genial. Uno de esos dramas de policías escandinavos... ¡Depende de lo malhumorado que te gusten los personajes principales!"
B: "¿Ah, malhumorado? No gracias, ya tengo suficiente drama en la vida real..."
A: "¿Sí? ¿Entonces eres más una persona de comedia?
B: "Bueno, es gracioso que lo preguntes..." [y así...].

En este segundo diálogo, A cambia rápidamente a una nueva potencial área de cosas en común y pregunta indirectamente lo que a B le gusta en series de TV. Ya no se siente como una entrevista para ponerlo incómodo, sino como una genuina y amistosa conversación entre dos personas.

En adición a buscar lo que ya está allí, podemos *crear* oportunidades para encontrar similitudes de varias maneras. Primero físicamente, copiando el lenguaje corporal de la persona, su tono de voz, ritmo de habla y modales en general. Esto se conoce como *imitación* y también se ha demostrado que produce sentimientos de positivismo (Anderson, 1998). Todo lo que tienes que hacer es arreglarte para parecerte a otros para beneficiarte de los sentimientos de la similitud, por lo que aparentan y cómo se expresan

Puedes imitar sus palabras, tono de voz y su manierismo. Ten en cuenta que la imitación no se trata solo de reflejar a la otra persona por completo. En lugar de eso, se trata de comunicarles que compartes valores similares y tienes el potencial de conectar de manera inmediata. Lo genial sobre este acercamiento es que ocurre en tiempo real, justo allí. La conversación como tal se vuelve una experiencia compartida.

Puedes imitar señales físicas, tics, y manierismos. Por ejemplo, si notas que alguien usa muchos gestos al hablar, debes hacer lo mismo. De manera similar, si notas que el lenguaje corporal de alguien involucra inclinarse y cruzar los brazos, sigue su ejemplo. Puedes imitar sus expresiones verbales y su expresividad, tono de voz, inflexión, elección de palabras, jerga y vocabulario, entonación emocional, emoción y energía. Esto tiene un efecto en general de hacer que la persona se sienta más escuchada, más cómoda subconscientemente y más familiarizada contigo, algo que fomenta sentimientos de cercanía relativamente rápido.

La segunda manera de crear oportunidades para conseguir similitudes es asegurándote de que compartes una buena cantidad de información personal y que divulgas detalles, probablemente más de lo que acostumbras.

¿Qué hiciste el mes pasado?

Primera respuesta: *fuiste a esquiar.*
Segunda respuesta: *fuiste a esquiar con tu*

hermano el mes pasado y casi te rompes el pie. Menos mal que tienes experiencia en danza por lo que pudiste mantenerte al margen de una herida grave.

¿Con cuál de esas historias es más fácil relacionarse y encontrar similitudes? Obviamente la segunda versión, ya que hay literalmente cuatro veces más información. Si estás teniendo problemas comunicándote con otros, es posible que estés esperando encontrar similitudes sin compartir nada. Hagamos otro ejemplo.

¿Cómo se ve tu semana?

Primera respuesta: *esta semana se ve bastante ocupada.*
Segunda respuesta: *bastante ocupada, mi madrastra viene a la ciudad pronto así que eso será "divertido". Creo que también tengo que buscar una tarta de frutas y un pastel de helado para una fiesta a la que voy.*

Si compartir incluso esta ínfima cantidad de detalles se siente incómodo y nada natural, es una señal de que probablemente no le das mucho con lo que trabajar a tu compañero de conversación y básicamente estás dejando caer la pelota de conversación cuando viene de vuelta a ti. Podrías ser la causa de un silencio incómodo más a menudo de lo que crees, porque otros esperan un flujo constante, pero terminan haciendo todo el trabajo mientras tú te preguntas qué está mal. En otras palabras, acostúmbrate a este sentimiento de incomodidad porque es algo en lo que debes trabajar.

Además de buscar similitudes y crear oportunidades para ellos, considera las cosas que "disgustan mutuamente" como un agente útil para congeniar. ¿Te has dado cuenta de que a veces es imposible mantener una conversación positiva, y luego la conversación se desvía a un montón de quejas sobre algo que ambos odian? De manera simple, el *disgusto* mutuo crea un sentido de emoción que a menudo puede ser más poderoso que un *gusto* mutuo.

Por ejemplo, descubrir que ambos fueron al mismo restaurante, fueron atendidos por el mismo camarero y ambos lo odiaron. Es fácil menospreciar estas interacciones porque las personas creen que hablar sobre negatividad es algo negativo. Sin embargo, no es negativo hablar sobre negatividad porque es una emoción como cualquier otra y mientras más emociones puedas generar en tu interacción, mayor será la impresión que darás.

Lo que es importante a final de cuentas es estar en el mismo plano, preferiblemente el tuyo, sobre opiniones, puntos de vista, emociones o elecciones/decisiones. Puede ser positive o negativo, la meta es estar de acuerdo sobre algo.

Crea una conexión

Algunas veces, a pesar de todo el trabajo preliminar que has hecho para establecer un tono amigable, hacer el primer movimiento, e incluso buscar similitudes subvaloradas, las personas no se involucrarán mucho. Algunas personas simplemente no son sociables. Conversar con ellas puede sentirse como hablar con paredes sin razón aparente. Puedes preguntarle algo aparentemente inocente y simplemente lo evaden, objetan o te dan una respuesta de una sola palabra. Sea cual sea el caso, la conversación ha llegado a una parada total.

Desafortunadamente, han establecido el tono para tratarte como un extraño y mantenerte a cierta distancia, lo que es algo que nos aseguramos de no hacer. Las razones de esto pueden varias, pero la mayoría de ellas no están relacionadas contigo. Además, a menudo es algo que no podemos controlar. Pero, eso está bien, existen maneras para superar este tipo de trato (si estás seguro de que de hecho están interesados en tratar contigo, versus evadiéndote esperando que los dejes en paz). En un sentido, este eres tú creando una conexión de la nada o, al menos, con lo que sea que tu compañero de conversación te esté dando.

Aquí es donde la práctica de *sonsacamiento* entra en juego. Es una forma de hacer preguntas que usa un estilo conversacional específico para animar a las personas a que compartan y hablen más. Fue originalmente desarrollado por el Buró Federal de

Investigaciones (FBI) para usarlo durante los interrogatorios, pero fue rápidamente adoptado por espías corporativos para obtener información confidencial de sus competidores.

Su origen probablemente hará que pauses, pero todas estas técnicas pueden ser usadas tanto para el bien como para el mal. Los métodos por sí solos son neutrales y son un resultado de echar un vistazo en la psiquis humana.

Para usar el sonsacamiento, puedes hacer una declaración que juegue con el deseo de la otra persona para responder por una variedad de razones. La otra persona se sentirá motivada a responder, incluso si no tenían un interés previo en hacerlo. Se sentirán casi como si no tuviesen otra opción. Una pregunta directa no siempre conseguirá una respuesta; por ende, se vuelve importante hacer preguntas indirectas para incentivar y crear la participación.

Aquí tienes un ejemplo de cómo funciona el

sonsacamiento. Estás tratando de planear una fiesta sorpresa para alguien, así que tienes que saber su agenda, la información de contacto de sus amigos, y sus preferencias en comidas y bebidas. Claro, no puedes pedirle directamente esta información. Así que, ¿cómo podrías obtener esta información de manera indirecta? Ellen Naylor, en su libro publicado en el 2016, Win/Loss Analysis (análisis del ganar/perder), escribió sobre un par de técnicas de sonsacamiento para hacer que la gente hable.

Reconocimiento. Las personas se emocionan cuando reconoces algo bueno sobre ellas. Di algo como "me encanta tu suéter" y conseguirás una historia de cómo el dueño obtuvo el suéter. Di algo como "eres muy meticuloso", y conseguirás una historia de cómo la persona fue a la academia militar y aprendió a ser meticuloso todo el tiempo. Podrían haber tenido los labios sellados antes, pero cualquier chance de elogio es bien recibido. Las personas tienen un deseo natural de sentirse reconocidas y apreciadas, así que ofréceles una ventana para que se luzcan un poco.

También puedes mostrarle aprecio a una persona y elogiarla. Esto es similar al reconocimiento; las personas rara vez rechazan una oportunidad para explicar sus logros.

Quejas. Ya hemos mencionado esto un poco cuando hablamos sobre cómo a las personas disfrutan el disgusto mutuo. A las personas también les encanta quejarse, así que es fácil hacer que alguien se abra si le das algo sobre qué compadecerse. Tú te quejas primero y ellos saltarán a la oportunidad de hacerlo. Si no se unen, podrían estar del otro lado sintiéndose obligados a defender eso por lo que te estás quejando. De cualquier manera, haz logrado que se abran.

Podrías decirle a alguien del trabajo algo como "odio estas largas horas sin pago por sobretiempo", y estará de acuerdo e irá más allá para detallar cómo necesita dinero porque no le pagan lo suficiente. Esto podría llevar a que revele más detalles de su vida en casa y cuántos niños tiene y los problemas maritales que tiene debido a las finanzas. También podría llevarlo a defender las largas horas. Sea como sea, ahora tienes más información.

La clave para esta técnica es crear un ambiente seguro para que las personas presuman, se quejen, o muestren alguna otra emoción. Si te quejas primero, estableces una zona libre de juicio. No sienten que se vayan a meter en problemas contigo. No tienes que quejarte para iniciar esto; solo expresa tus propias emociones negativas, vulnerabilidades y decepciones.

Corrección. A las personas les encanta tener la razón. Esta es realmente la columna vertebral de cualquier argumento en internet. Así que, si dices algo erróneo, saltarán encantados a la oportunidad de corregirte. Si le das a las personas la oportunidad de exhibir su ego, la mayoría la aprovechará felizmente.

Una manera sencilla de hacer esto es declarar algo que obviamente sabes que es incorrecto para ver si darán el paso y romperán su silencio. Observa si se pueden resistir a este deseo primitivo.

Ingenuidad. Para aclarar, esto no significa actuar estúpidamente; significa actuar como si estuvieses en la *cúspide* del entendimiento. Actuar de manera ingenua hace que las personas se sientan forzadas a enseñar, instruir y demostrar su conocimiento. Las personas simplemente no se pueden resistirse a iluminarte, especialmente si estás 95 por ciento seguro del asunto y todo lo que la gente tiene que hacer es terminar tu frase figurativamente. "Entiendo la mayor parte de la teoría, solo hay una cosa que no tengo clara. Podría significar tantas cosas..." Las personas no podrán evitar morder el anzuelo.

En el espíritu del sonsacamiento, hay un par de métodos indirectos que he descubierto que funcionan bastante bien para mí personalmente.

Cuando hagas una pregunta que pienses que no puede ser respondida, actúa como si la hubiesen respondido y reacciona a esa respuesta hipotética.

Tú: Entonces... escuché que el proyecto no salió tan bien, ¿no es así?
Bob: sí, no muy bien.
Tú: Sí, escuché que las cosas iban de maravillas a excepción de ese pequeño caos al final del trimestre. Pero, eso no es culpa de uno. Esa parte del proyecto es súper compleja. Es una locura. No puedo creer siquiera que el proyecto haya sido aprobado.

Cuando pones todo esto sobre la mesa, va a ser casi irresistible para ellos dar un paso y responder, contestar, corregir, confirmar o negar. Esa es la parte importante, estás (1) haciendo una pregunta, (2) actuando como si *hubiesen* respondido la pregunta y (3) viendo cómo reaccionan a tu suposición de su respuesta. No esperes a que reaccionen a tu pregunta; solo dales la oportunidad para reaccionar a tu subsecuente respuesta. La premisa aquí es que incluso ellos no quieren hablar contigo, estarán forzados a integrarse e intervenir de alguna manera. Podrías no conseguir la respuesta más alegre de todas, pero lo importante es que lograste que abrieran sus trampas en primer lugar, y esa puede ser la parte más difícil de todas.

Existe otra variación de este método de conseguir que la gente se integre o que hable. *Cuando le haces una pregunta a alguien, asuma que van a responder de cierta manera y mantén la elaboración sobre ese sentimiento.* Nuevamente, si tienes suerte, las personas se verán forzadas a corregirte y aclarar cuál sería de hecho su respuesta.

Tú: ¿cómo estuvieron las vacaciones? Seguro que estuvieron horribles con todos esos gusanos y lagartos. En serio no me gusta el agua ni la humedad.
Bobby: bueno, de hecho…

¡Te tengo! De la misma manera, puedes sonsacar a la gente para que hable y se abra más hablando sobre algo que sabes que obviamente está mal y esperando a que muerdan el anzuelo.

Tú: esa relación se veía muy bien porque él tenía un buen auto, ¿cierto? Eso es todo lo que necesitas. Supongo que cuando es un Corvette es suficiente. El dinero es vida.

Bobby: Bueno, de hecho...

Estos métodos capitalizan el instinto de la gente a aclarar bien las cosas. Incluso si no quieren hablar de algo, no quieren la percepción incorrecta o negativa flotando a su alrededor. Si solo estuvieses sacándole una palabra y eres capaz de aumentar eso hasta llegar a dos oraciones usando esta táctica, considéralo una victoria y sigue desarrollándola.

Recuerda que el tono de un intercambio es algo para lo que tienes el 100% de tu habilidad. Muchos de nosotros sentimos que las conversaciones son un asunto de suerte, consideran suerte encontrar un tema de interés o similitud, y esas instancias son necesarias para crear una buena relación. Claro que, si crees que este es el caso, *será* el caso para ti.

Enseñanza:
- ¿Qué determina si te llevas bien con alguien? No es algo circunstancial; en vez de eso, es un asunto de impulsarte y establecer el tono para ser amigable y abierto. La mayoría de las personas trata

a los demás como extraños y por ende no se convertirán en amigos. Así que cambia ese libreto desde el inicio, deja que las personas estén tranquilas y cómodas a tu alrededor.

- La primera forma de establecer el tono es hablando como amigos: en cuanto a tema, en cuanto a tono e incluso en cuanto a privacidad. Las personas estarán de acuerdo con tu tono mientras no seas descaradamente ofensivo. Un poderoso aspecto de esto es mostrar las emociones como lo hacen los amigos, en lugar de filtrarte a ti mismo y colocar un muro para el objetivo literal de mantener a las personas aisladas a una distancia. Y deja de ser tan literal y serio. Una conversación no tiene que ser sobre compartir hechos y algunos comentarios pueden ser usados solamente con el objetivo de ver cómo reacciona la otra persona.
- Otro aspecto de establecer el tono apropiado es buscar similitudes y también otorgar la oportunidad de crearlas. Cuando las personas observan similitudes, se abren instantáneamente y las aceptan porque son un reflejo de

ellas mismas. Solo existen buenas suposiciones y connotaciones así que debemos buscarlas de manera activa. También puedes hacer esto indagando más sobre la vida de las personas y haciendo preguntas para encontrar similitudes ligeramente no relacionadas, revelar más información sobre ti y también imitarlos físicamente. Además, no menosprecias el valor del *disgusto mutuo*, no es negativo hablar de cosas negativas per se.

- Finalmente, incluso si sigues estos pasos, algunas veces las personas no están dispuestas a tratar o no son buenas abriéndose. Puedes superar esto usando formas de sonsacamiento, en las cuales propones un tema o pregunta de una manera que la persona se sentirá forzada a intervenir o elaborar. Esto toma la forma de incitar a la persona a responder a tu reconocimiento, fomentar la queja mutua, asistiendo tu ingenuidad y corrigiendo tu incorrecta suposición o información.

Capítulo 3. Cómo cautivar

Cautivar es una palabra bastante fuerte, y como tal, es probablemente algo por lo que debemos esmerarnos en nuestras interacciones.

Cuando pensamos en una persona cautivadora, ¿qué tipo de imagen viene a tu mente? Si tuvieses que elegir una imagen para una "persona cautivadora" en un diccionario, ¿quién sería esa persona? ¿Qué está expresando esta persona? ¿Cómo está actuando y qué está haciendo?

La mayoría de las veces, esta persona se verá como alguien sobre un escenario o púlpito gesticulando de manera grandiosa y expresiva, con un rostro lleno de emoción. Y también apostaría a que esa persona está en medio del entretejido de una atractiva historia que cautive a su audiencia. Ciertamente, si lo piensas, parece que solo a través de la narración podemos asombrar y encantar a otros para que se aferren a cada una de nuestras palabras.

Bueno, eso es debatible, pero determinar si eso es o no cierto no es el objetivo de este capítulo. Nadie puede negar que la narración es un elemento importante de las conversaciones y discusiones memorables que quieres tener. La pregunta siempre es cómo dominar está habilidad tan elusiva y hacerla tuya. Por ende, en este capítulo, quiero presentarte un par de perspectivas sobre cómo puedes usar la narración en tus conversaciones del día a día e incluso en las charlas.

Es útil primero quitar lo místico de todo el concepto de la narración. ¿Qué es la narración? Es solo decirle a alguien algo que pasó. Eso es todo. Claro que, hay mejores y peores maneras de hacer esto, pero en el núcleo, la narración es solo tomar el pasado de una manera que haga que las personas presten atención. Con la primera parte no tenemos problema, todos hemos descrito nuestro pasado y todos tenemos dignas experiencias que contar. Pero, la segunda parte es típicamente el reto. Con esto en mente, veamos cómo podemos mejorar al narrar.

Una vida de historias

Para ser mejores con las historias, tenemos que comenzar reconociéndolas en nuestra vida diaria. No pensamos en nuestras vidas como algo interesante a diario, pero hacemos más de lo que nos damos cuenta. No es que todos los días estés involucrado en una protesta masiva de la que puedes hablar a tus hijos, o fuiste perseguido por un perro salchicha hasta un callejón oscuro donde un hombre vestido de loro te salvo embistiendo al perro. Estas historias son evidentes y no necesitan ninguna organización o manera especial de ser contadas para que tengan un impacto.

Las personas que poseen de manera natural el "don" podrían ser conocidas por añadir una llama artística (¡o un embellecimiento descarado!) a sus historias, pero eso es solo porque tienen un entendimiento instintivo del hecho de que casi todo, cuando se cuenta de la manera correcta, puede ser una gran historia. Si algunas ves has visto a un narrador legendario entretejer una anécdota larga y aburrida, pero graciosa, sobre nada más que el malentendido que tuvo en la oficina de correos ayer, sabrás que el estilo es mucho más importante que el contenido.

Tenemos que dibujar partiendo de nuestras vidas diarias, y créeme, hay mucho sobre lo que dibujar. Tu vida es mucho más interesante de lo que crees, ¡créeme! Es solo cuestión de ver las mini historias que están intrínsecas en nuestra existencia diaria. ¿Cuál es la definición de una mini historia en este contexto?

"¿De qué trabajas?"
"Soy ejecutivo de marketing".

Bueno no, así no. Eso solo conseguirá una respuesta como "oh genial. Voy al baño, nos vemos". Intentemos de nuevo.

"¿De qué trabajas?"
"Soy ejecutivo de marketing. Trato principalmente con clientes. ¡Justo la semana pasada tuvimos un cliente que amenazó con enviar a sus guardaespaldas a nuestra oficina! En serio me gustaría más tratar con la parte creativa".

Ahí lo tienes. Esto seguramente conseguirá una respuesta más fuerte que querer ir al baño, algo como "¡no puede ser! ¿Y los envió? ¡CUÉNTAME MÁS!"

De eso se trata una mini historia. De responder preguntas (o un compartir espontáneo) usando brevemente elementos de una historia, una acción que le ocurre a un sujeto con alguna especie de conclusión. Como puedes ver arriba, una mini historia breve creará exponencialmente más conversación e interés que cualquier respuesta a la típica pregunta, "¿de qué trabajas?" Todo lo que necesitaste fueron tres oraciones. Trata de leerla en voz alta, toma menos de diez segundos y ya la has abarrotado de suficiente información para que sea interesante para cualquiera.

Lo genial de estas mini historias es que también las puedes crear antes de una conversación, así que tienes más anécdotas convincentes a la mano como respuestas para preguntas muy comunes y amplias. El principal beneficio de crear mini historias de antemano es ser capaz de evitar respuestas de una palabra a las que seguramente estás acostumbrado. Esto puede darte un sentido de confianza porque te has preparado para lo que viene.

Cuando desglosas el contexto alrededor de una mini historia, se vuelven mucho más simples. Ten como objetivo tres oraciones que puedan responder algunos de los temas más comunes que salgan a relucir.

1. Tu ocupación (si tienes un trabajo inusual o nebuloso, asegúrate de que tienes la descripción sencilla de tu trabajo con la que las personas pueden relacionarse).
2. Tu semana.
3. Tu siguiente fin de semana.
4. Tu ciudad natal.
5. Tus pasatiempos y más.

Cuando uses una mini historia para responder una pregunta, asegúrate de primero reconocer la pregunta. Pero, cuando te des cuenta de que tienes algo mucho más interesante para decir, puedes saltar a la mini historia, la cual debería sostenerse por sí sola.

"¿Cómo estuvo tu fin de semana?"
"Estuvo bien. Vi cuatro películas de *Star Wars*".
"Bueno, ahora voy a hablar con alguien más".

Intentemos de nuevo.

"¿Cómo estuvo tu fin de semana?"
"Estuvo bien, pero, ¿te conté lo que pasó el viernes pasado? Un perro con traje entró a mi oficina y se hizo pis por todos lados".
"Espera. Cuéntame más".

Usar mini historias te permite evitar las muy típicas respuestas de "bien, ¿qué hay de ti?" que encuentras en charlas todos los días. Ese es el primer paso para ser cautivador.

Podría ayudarte si replanteas las mini historias de la siguiente manera: cuando las personas charlan contigo y te hacen cualquiera de las preguntas clásicas, realmente no están interesados en las respuestas a esas preguntas. Quieren escuchar algo interesante, así que proporciónales eso.

Este es un importante punto a repetir: cuando le preguntamos a alguien como estuvo su fin de semana, o cuáles son sus planes de viaje, usualmente no estamos tan interesados en una respuesta literal. Ya hemos hablado sobre cómo debes revelar y divulgar información sobre ti mismo en un esfuerzo por encontrar similitudes y ahora ves otro beneficio de ofrecer más.

No solo eso, las mini historias son una visión interna de la manera en que piensas y cómo te sientes. Dan pistas de tu mentalidad, personalidad y aprendizajes emocionales. Aprender sobre estos aspectos es el primer paso para permitir que alguien se relacione y se sienta conectado contigo, por lo que es imperativo que aprendas a cómo tomar cualquier pregunta y expandirla para tu beneficio. También los animará a ser recíprocos.

Piensa en lo que más te fuerza a prestar atención a cualquier historia o anécdota. Usualmente, una buena historia tiene algún elemento humano con el cual relacionarse, algún sentido de dirección o conflicto, o el tema siendo descrito es universalmente atractivo e interesante para las personas. Por ejemplo, casi todo el mundo gusta de las mascotas lindas, el chisme excitante, los finales felices, momentos divertidos y vergonzosos, o los giros inesperados. Por otro lado, solo unos pocos prestarán atención a una historia sobre las regulaciones bancarias internacionales y cómo cambiaron ligeramente en Suiza el jueves pasado.

Las mini historias también resaltan la importancia de proporcionar más detalles, como se mencionó en un capítulo anterior, y evitar respuestas de una palabra. Los detalles ofrecen una descripción tridimensional de ti y de tu vida. Esto hace que automáticamente las personas estén más interesadas y comprometidas porque ya están creando una imagen en sus mentes y visualizando todo.

Los detalles también les dan a las personas más a qué conectarse, más en qué pensar y más a qué aferrarse. Con más detalles, hay una probabilidad substancialmente más alta de que las personas encuentren algo divertido, interesante, en común, conmovedor, curioso y algo que vale la pena comentar en lo que tengas que decir.

Lo detalles y la especificación pone a las personas en un lugar y tiempo en particular. Esto les permite imaginar exactamente lo que está pasando y comienza a importarles. Piensa en por qué es tan fácil ser absorbido por una película. Experimentamos una enorme estimulación sensorial y casi no podemos escapar de todos los detalles visuales y auditivos, los cuales están diseñados para hacer que nos adentremos. Las historias y conversaciones detalladas invitan a otros a compartir una película mental contigo.

Más allá de darle sabor a tu conversación y

narración, y darle a otra persona algo por lo que preguntar, los detalles son importantes porque provocan la interacción emocional. Los detalles les recuerdan a las personas sobre sus propias vidas y recuerdos y los hace sentir más atraídos a los que sea que se les esté presentando. Los detalles pueden forzar a otras personas a reírse, molestarse, entristecerse, o sentir sorpresa. Pueden controlar ánimos y emociones.

Si incluyes los detalles sobre canciones específicas que se reproducían durante tus bailes en la preparatoria, es probable que alguien tenga recuerdos adheridos a esas canciones y se vuelva emocionalmente interesado en tu historia. Usa los cinco sentidos para describir todo lo que salió mal en esa graciosísima cita a ciegas que tuviste. Comparte detalles sobre todos los rincones y ranuras metafóricos porque eso es lo que te hace interesante a un nivel emocional. Pinta una imagen a tus oyentes y atrae su atención hacia ese mundo.

El método 1:1:1

Sobre el tema de simplificar la narración, hemos estado hablando sobre cómo podemos usar una mini historia de muchas maneras. Podrías estar preguntándote cuál es la diferencia entre una mini historia y una historia completamente desarrollada.

Para nuestros objetivos, no mucho. Parece que a muchas personas les gusta complicar la narración como si estuviesen componiendo un impromptu de una tragedia griega. ¿Tiene que haber una introducción, punto medio, obstáculo y resolución? ¿Tiene que haber un héroe, un conflicto y una aventura emocional? No necesariamente. Esas son formas específicas de narración si eres Francis Ford Coppola (director de la trilogía de *El Padrino*) o un comediante de standup acostumbrado a mantener a las multitudes entretenidas.

Pero ciertamente estas no son las maneras más sencillas o prácticas de pensar sobre la narración.

Mi método de narración en la conversación es priorizando la discusión que sigue. Eso significa que la historia como tal no tiene que ser tan profunda o larga. Puede y debe contener detalles específicos con los que las personas puedan relacionarse y puedan asimilar, pero no tiene que tener partes o niveles. Una historia completa puede ser mini por naturaleza. Por eso es llamado el método 1:1:1.

Este método es llamado así por una historia que (1) tiene una acción, (2) puede resumirse en una oración y (3) provoca una emoción principal en el oyente. Puedes ver por qué son cortas y rápidas. También tienden a asegurarse de que sabes el punto antes de comenzar y tienes un muy bajo chance de divagar verbalmente por minutos alejando a tus oyentes. Este es el ratio de menor aporte por mayor resultado más alto que puedes tener para una historia.

Echemos un vistazo a cómo construir estas mini historias tan sencillas como el abecé. Para que una historia consista en *una* acción, significa que solo está pasando una cosa. La historia trata de una ocurrencia, un evento. Debes ser directa. Cualquier otra cosa confunde el punto y te hace propenso a divagar. Es importante compartir los detalles, pero probablemente no al comienzo porque se perderá u opacará el impacto de la historia.

Una mini historia debe poder *resumirse* en una oración porque, de otra manera, estás tratando de cubrir demasiado. Y si eres una persona ansiosa, una historia más larga podría darte más oportunidades de preocuparte sobre tu forma de contarla (¿conoces ese sentimiento de olvidar como decía el chiste a mitad de camino?).

Aferrándote a una sola acción te mantienes enfocado y directo al punto. Este paso de hecho toma práctica, porque estás forzado a pensar cuál de los aspectos de la historia importa y cuáles no aportan nada a tu acción. Imagina que estás creando el equivalente verbal a una caricatura de un solo panel, donde el arreglo y el final están en un solo lugar. Es una habilidad en la que debes condensar tus pensamientos en una sola oración y que aun así esté completa. A menudo no te darás cuenta de lo que quieres decir hasta que puedes hacer esto.

Finalmente, una historia debe enfocarse en una emoción principal a ser provocada en el oyente. ¡Y debes ser capaz de nombrarla! Ten en cuenta que al provocar una emoción te aseguras de que la historia tenga un punto, y le dará color a los detalles que escoges cuidadosamente para enfatizar esa emoción. Para nuestros objetivos aquí, realmente no hay muchas emociones que quieras sacarle a otros con una historia. Podrías tener humor, shock, dolor, asombro, envidia, felicidad o molestia. Esas son la mayoría de las razones por las que relacionamos nuestras experiencias con las de otros.

Ten en cuenta que este es solo mi método para expresar mis experiencias a otros. Mi lógica es que sea que las personas escuchen dos oraciones sobre el ataque de un perro o escuchen diez oraciones sobre lo mismo, no cambie el impacto de la historia. Como contar una historia sobre tu amigo que fue a prisión; bueno, él sigue en prisión al final de dos o diez oraciones. De la misma manera, si cuentas una historia de cómo adoptaste a un perro, el perro seguirá recostado en tu cama si te toma diez segundos o dos minutos contar la historia.

Un mal narrador se obsesiona con un cuento más largo y complicado que de hecho aburre a las personas porque fundamentalmente malinterpretan el punto de la narración en primer lugar. Recuerda que, aunque estás tratando de contar una historia interesante, no eres un animador en un escenario. Tu meta principal no es hacer que las personas aplaudan y piensen que eres increíble, la meta es hacer que otras personas se sientan relajadas y felices, y lograr una buen y satisfactorio flujo en la conversación. Y eso significa, mientras más pronto te bajes del podio, ¡mejor!

Luego de proporcionar la premisa, la conversación puede seguir adelante en forma de diálogo; tu compañero de conversación puede participar más abiertamente y podemos entonces enfocarnos en el impacto y la reacción del oyente. Entonces puedes dejar que las inevitables preguntas fluyan, y puedes divulgar lentamente los detalles luego de que el contexto sea establecido, y luego de que el impacto inicial sea sentido. Entonces, ¿cómo se oye la llamada historia?

"Fui atacado por un perro y estaba tan asustado que casi mojo mis pantalones". Es una oración, una acción, y la parte de mojar los pantalones es para enfatizar el hecho de que la emoción que quieres expresar es miedo y shock.

Podrías incluir más detalles sobre el perro y las circunstancias, pero es posible que las personas pregunten sobre eso inmediatamente, así que deja que guíen lo que quieren oír sobre tu historia. No hace daño nombrar directamente la emoción que estabas experimentando. ¡Invítalos a participar! Muy pocas personas quieren sentarse y escuchar un monólogo, muchos de los cuales son contados pobremente y de una manera muy regada.

Por ende, mantén lo esencial pero corta tu historia y deja que la conversación continúe como una experiencia compartida en lugar de monopolizar el aire. Piénsalo. Qué es más atractivo e interesante: ¿hacer que tus oyentes te supliquen para que les cuentes más, porque están sentados al borde de su asiento, o tú recitando una aburrida rutina de standup donde tu audiencia no tiene más que escuchar? Aquí tienes otro par de ejemplos sencillos:

"La semana pasada, tuve una entrevista de trabajo que salió tan mal que el entrevistador se rio de mí mientras yo salía de la oficina, fue vergonzoso". Una acción, una emoción, en una oración.

"La primera vez que conocí a Joshua, derramé un tazón de frijoles horneados sobre sus pantalones blancos y creo que todo el mundo estaba viendo cuando pasó esto".

El método 1:1:1 puede ser resumido como comenzar una historia tan cerca del final como sea posible. La mayoría de las historias terminan antes de llegar al final, en términos de impacto al oyente, su rato de atención y la energía que tienes para contarla. En otras palabras, muchas historias tienden a extenderse sin cesar porque las personas tratan de adherirse a reglas complicadas o porque simplemente pierden la trama y están tratando de encontrarla nuevamente hablando. Sobre todas las cosas, no es necesario un largo preámbulo. Lo que es importante es que las personas presten atención, que les importe y que de hecho reaccionen de alguna manera emocional (preferiblemente).

La columna vertebral de la historia

Piensa en la columna vertebral de la historia como una versión mejorada y actualizada del método 1:1:1. Esta te da el ritmo de una gran historia en una fórmula sencilla.

Esta técnica se puede acreditar a Kevin Adams, autor y director artístico del teatro sinérgico. Él enseña cómo la "columna vertebral de la historia" puede ser usada para resumir una gran historia. Este método es perfecto para novelistas y cineastas, pero también lo puedes usar cuando quieras entretener a amigos con cuentos que los tendrán encantados. De la misma manera, puede decirte por qué algunas historias simplemente fracasan, ya que te muestra los elementos cruciales que podrían estar faltando.

Puede hacerse rápidamente y, con práctica, podría comenzar a sentirse automático. Si tienes confianza usando el método 1:1:1, te podría gustar usar el acercamiento de la columna vertebral de la historia para ver qué pasa.

La columna vertebral de la historia tiene ocho elementos, así es como van:

Había una vez...

El inicio de la historia. Aquí, debes establecer el contexto y compones el mundo del que estás hablando y los personajes en los que te enfocarás. Estableces su rutina, su realidad normal. Si te saltas esta parte tu historia podría parecer intrascendente o las personas no podrán captar el sentido de los eventos que siguen ni por qué importan.

Cada día...

Más establecimiento de lo normal y la rutina. A menudo, un personaje se aburre, entristece o le da curiosidad algo y esto lleva a los siguientes niveles de la historia.

Este paso crea tensión y es el lugar para darle personalidad a tus personajes y un motivo para lo que pase a continuación. No tienes que pasar mucho tiempo aquí, sin embargo, tus oyentes deben captar el sentido de que solo estás estableciendo el escenario porque algo inusual y emocionante está a punto de ocurrir.

Pero, un día...

¡Y aquí viene el gran evento que cambia todo! Un día, algo diferente ocurre que cambia completamente el mundo alrededor del personaje. Un extraño llega al pueblo o aparece una pista misteriosa. Aquí, adéntrate realmente en la *emoción* asociada con el gran cambio que se avecina.

Debido a eso...

Existen consecuencias. Los personajes principales actúan en respuesta, y esto pone en marcha el cuerpo principal de la historia, la parte del "¿qué pasó?". Ahora tenemos una narrativa dinámica en movimiento. Muchos malos narradores simplemente saltan y comienzan aquí, fallando al crear tensión o cualquier tipo de contexto, y luego descubren que su audiencia no está tan interesada en el desenlace. Como las habilidades para una buena conversación, las habilidades para una buena narración requieren ritmo y una creación de tensión *gradual*.

Debido a eso...

Las cosas se ponen más interesantes o tenebrosas, los riesgos se han elevado, la trama se intensifica, otros personajes entran y el mundo entero de complicaciones/comedia/drama se abre a medida que la historia se desarrolla. Aquí, quieres incrementar la respuesta emocional. Los detalles son importantes, pero están aquí para llevarse a casa los riesgos emocionales y el impacto de lo que está ocurriendo.

Debido a eso...

Las buenas historias optan por nuestro amor por el número tres en la narrativa. Por eso tenemos a Ricitos de oro y los tres osos, y por eso el héroe típicamente se enfrenta a tres retos antes de lograr su cometido. Tómate el tiempo para realmente explorar los tres dilemas a los que se enfrenta tu personaje y harás que la resolución de los mismos sea mucho más dulce.

Hasta que finalmente...

¿El chicho se queda con la chica? ¿El mundo fue salvado o el detective descubrió al culpable? Aquí es donde revelas todo. El conflicto es resuelto y concluye la historia. Si tu historia está bien estructurada, es probable que tu audiencia haya estado escuchándola por completo porque estaban esperando esta gran revelación, este desenlace. Así que, ¡mejor no decepcionarlos!

Y desde entonces...

Cierras la historia como la comenzaste, con algo de contexto. Aquí resaltas lo que es la nueva normalidad, dándole el éxito o fracaso del personaje en el paso anterior. Podrías considerar una moral de la historia aquí, o una pequeña broma o remate. En la conversación, esto les informa a las personas que ya terminaste tu historia y los señala para que respondan.

Lo que es importante recordar sobre la columna vertebral de una historia, es que es simplemente eso, una columna. Todavía necesitas añadir una considerable cantidad de carne para hacer que resalte y para que sea atractiva. La columna de la historia apenas se asegura de que estás tocando las notas correctas en el orden correcto, y te da una gratificante estructura a seguir.

No todas las historias la seguirán exactamente (después de todo es un simple esquema) pero si la tuya lo hace, hay una buena posibilidad de que será mejor recibida que las narrativas un poco más experimentales. Algunas narrativas funcionan precisamente porque violan nuestras expectativas de lo que una historia debe hacer, pero esto es típicamente algo más difícil de hacer bien, y puede fracasar más fácilmente que un cuento verdadero.

Como un ejemplo, consideremos el popular tema del programa de TV de los 80, *El Príncipe de Bel-Air*. Este programa muestra que incluso en una historia rápida, es importante tener los bloques de construcción esenciales. El tema comienza:

En filadelfia yo nací crecí
Con goma de mascar y básquet era feliz
Siempre tranquilo sin prisa ni nada
Nada de escuela instalado en la fiaca

Esto cubre el "había una vez" y "todos los días". Contexto establecido.

Luego unos maleantes aún ignoro por qué
Buscaron problemas y me les enfrenté
Mi mami asustada muy seria me dijo:
Te mudas ahora mismo con tus tíos de Bel-Air.

Aquí tienes la parte de "pero, un día" que cambia todo.

Lloré y le supliqué de noche y de día
Pero hizo mis maletas y me envió con mi tía
... etc.

La porción del medio de la canción lo cubre a él rogándole a su madre para no ir, subiendo a un avión hacia Bel-Air y luego tomando un taxi, mientras lentamente toma consciencia del nuevo mundo en el que se ha metido. Esta es la parte central de la historia, las tres porciones de "y debido a eso". El verso final dice:

Al fin llegué a una mansión de lo más elegante
Y le dije al taxista ponte desodorante
Mirando mi reino finalmente pensé
Ha llegado el príncipe de todo Bel-Air.

"Y finalmente", y "desde entonces" son presentados aquí, y la nueva normalidad es fijada, con el personaje principal felizmente establecido en su nueva vida. Cierto, no hay mucho conflicto o tensión aquí, pero la estructura es sólida.

Imagina a alguien usando la columna vertebral de una historia en un contexto más del día a día: una disputa en el trabajo. Alguien está tratando de explicar lo que pasó claramente a un mediador externo. Su historia suena algo así:

"Melissa y Jake trabajan para el departamento de tecnología, ejecutan cosas junto con Bárbara, quién está de baja por maternidad. Melissa ha estado en la empresa por más de diez años y Jake es nuevo, por lo que Melissa lo ha estado entrenando informalmente para que cubra el trabajo de Bárbara por los próximos seis meses, posiblemente a un término más largo (hay rumores de que Jake se quedará con el trabajo de Bárbara si ella se va). Han estado trabajando juntos en un gran proyecto durante el último mes".

"Para nuestro desconocimiento, Melissa y Jake tuvieron una breve relación meses atrás que terminó mal".

"Debido a eso ha habido algo de tensión en la oficina. Hubo un error crucial en un gran proyecto y se decidió que Melissa era la responsable. Pero, desde entonces ella nos ha revelado que fue culpa de Jake, y que ella lo había cubierto mientras estaban en una relación. Debido a esto, Jake está reclamando que Melissa solo lo está culpando ahora porque ya no están en una relación. Lo que él cree que es injusto".

"Eventualmente, Bárbara contactó a la oficina para informar que no iba a regresar, una condición que Mark supuso que solidificaría su papel en la oficina. Pero, ahora hay un gran conflicto porque Melissa y Jake apenas soportan trabajar juntos".

En esta historia, el mediador está

escuchando las últimas etapas, pero la parte de "y desde entonces", todavía no se decide. ¿Puedes ver los pasos, y cómo dejar fuera uno de ellos o mezclarlos podría hacer que la historia fuese más confusa?

Considera el exitoso récord de taquilla *Avatar*, y cómo sigue la columna vertebral: había una vez un marino parapléjico llamado Jake Sully con un pasado traumático, quien apenas veía la vida pasar. Todos los días lamentaba la trágica muerte de su brillante y talentoso hermano.

Pero, un día, consigue la oportunidad de unirse a una misión a la lejana Pandora. Debido a eso, se le promete una cirugía que logrará que camine nuevamente a cambio de reunir información sobre las especies que habitan en el planeta, los Na'Vi.

Debido a eso, pasa más tiempo con ellos, desarrollando eventualmente un amor real por su mundo, así como por la bella Neytiri. Debido a ese amor, él es incapaz de formar parte de la naturaleza (a punto de descubrirse) explotadora de la expedición, hasta que finalmente, una guerra total se desencadena entre los humanos y los Na'Vi.

Finalmente, la batalla es ganada y Pandora es salvada. Y desde entonces, Jake vivió en paz en Pandora.

Naturalmente, existen muchísimos detalles y elementos faltantes aquí, pero la columna está intacta y es parcialmente responsable para que una historia sea interesante y se desenvuelva como la audiencia lo espera. La columna vertebral de la historia aplica para cualquier tipo de historia o narrativa, escrita, hablada o cinemática, grande o pequeña. Lo fundamental, una vez en el lugar, puede ser reorganizado de literalmente infinitas maneras.

Dentro de las historias

En cualquier conversación, existe un clímax. Podría haber diversos puntos memorables, pero por definición, una parte es la mejor y la más alta.

Esto puede tomar formas diferentes. Pueden compartir una gran risa. Ambos pueden ponerse emotivos y llorar. Comparten una fuerte perspectiva sobre un problema como nadie más. Son testigos de algo horrible o gracioso juntos. Ambos se esfuerzan por no reír cuando observan algo. Terminan la frase del otro. La mayoría del tiempo, si lo haces correctamente, tus historias se vuelven puntos altos debido al impacto emocional y a la intriga pura de la que puedes hacer uso para crearlas. Esto hace que sea fácil porque estás plantando la semilla de una conexión que cosecharás luego.

Casualmente, volver a este clímax luego es como se ve un *chiste interno* desmontado. Por ende, para crear fácilmente un chiste interno, todo lo que tienes que hacer es referirte al clímax más tarde en la conversación. Toma nota del mismo y colócalo en tu bolsillo para usarlo luego. ¡Es oro puro!

No dejes que se amargue como esa leche que tiene un mes en el refrigerador y tienes miedo de tirar debido al olor. Asumiendo que contaste una buena historia u obtuviste una buena historia antes en la conversación, todo lo que tienes que hacer es referirte a ella en el contexto de tu tema actual. ¿Recuerdas el capítulo anterior sobre crear cosas en común? Bueno, usando esas "devoluciones" a tu propia conversación es una excelente manera de hacerlo.

Por ejemplo, contaste una historia sobre tu tipo favorito de perro antes en la conversación. Hubo un clímax sobre compararte con un perro salchicha porque tu forma hace que sea inevitable.

Ahora tu tema actual de conversación es la moda, estilo personal y los diferentes tipos de chaqueta. ¿Cómo te devuelves al clímax sobre el perro salchicha haciendo referencia al contexto de las chaquetas? *"Bueno, desafortunadamente no puedo usar ese tipo de chaquetas porque soy muy similar a un perro salchicha, ¿recuerdas?"*.

Trae el primer tema, con suerte el tema de tu historia y luego úsalo con el tema actual. Estás repitiendo el tema anterior en un contexto nuevo, y esto tiende a ser bien recibido, incluso si no fue gracioso la primera vez. Y la mejor parte es que puedes seguir haciendo esto con la misma cosa para crear un lazo único incluso más fuerte

(¡un chiste interno!).

Escucha algo divertido o notable que clasificarías como un clímax conversacional. Guárdalo en tu bolsillo. Espera como un chita en el pastizal de la sabana para ver un contexto o tema diferente en el que puedas repetir. Y luego libéralo.

Aquí tienes otro ejemplo.

Clímax de una conversación anterior: una historia sobre odiar los estacionamientos.

Tema de conversación actual: el clima.

Devolución: *sí, la lluvia definitivamente se vendrá cuando no podamos encontrar un puesto de estacionamiento a menos de diez cuadras de nuestro apartamento.*

Y aquí tienes uno más:

Clímax de conversación anterior: una historia sobre amar las donas.

Tema de conversación actual: odiar el trabajo.

Devolución: *bueno, ¿y qué tal si tu oficina diera donas gratis? ¿Cuántas necesitarías para cambiar tu opinión sobre el trabajo?*

De la misma manera, el conductor de una orquesta puede llegar al mismo clímax musical a través de diferentes arreglos y canciones, puedes seguir haciendo referencia a este clímax conversacional. *Voilá*, acabas de crear un chiste interno de la nada. Y al hacerlo, no solo has fijado un sentimiento de conexión, sino que también has demostrado de una manera fuerte y clara a tu compañero de conversación que realmente estás prestando atención; no necesito decirte cuántos puntos te ganas en la vida real con esto.

Pide historias

La mayor parte del enfoque en las historias está usualmente en *contarlas*, pero, ¿qué hay sobre solicitarlas a otros y permitirles que se sientan tan bien como tú cuando la historia logra su cometido? ¿Qué hay sobre hacerse a un lado y dejarle el foco a otro (una habilidad menospreciada en la conversación y la vida en general)?

Si estás llegando a una conversación desde un lugar egocéntrico, podrías verlo como una manera de llamar la atención, hacer que otros gusten de ti o te admiren, o simplemente dirigir el tema en maneras que te sirvan. Pero, si ves la conversación como algo que es mutualmente agradable para todos los involucrados, entonces de repente no te importa mucho *quién* habla, ni lo que está diciendo, sino que la conversación como tal sea positiva y fluya.

Cuando pensamos sobre ser buenos conversadores, casi siempre nos imaginamos las cosas que decimos y cómo las decimos. Pero, es igual de importante *compartir* la atención y el foco, para que el flujo sea constante. ¿Cómo invitas a otros amablemente a que tomen el primer plano? Bueno, es solo una cuestión de cómo pides las historias de otros. Hay maneras para hacer que la gente platique por horas y acercamientos donde las personas se sienten forzadas a dar una brusca respuesta de una palabra.

Por ejemplo, cuando miras deportes, una de las partes más ilógicas es el post-juego o post-partida. Estos atletas siguen atrapados en la agonía de la adrenalina, sin aliento, y ocasionalmente le tiran gotas de sudor a los reporteros. No es una situación que conduzca a buenas historias, o si quiera buenas respuestas.

Aun así, estás viendo a un reportero entrevistar a un atleta, ¿sientes que hay algo raro sobre las preguntas que hacen? Los entrevistadores son colocados en una situación imposible y usualmente se van con un extracto decente, por lo menos, no son desastres de audio. Su tarea es obtener una respuesta coherente de alguien que está mentalmente incoherente en ese momento. ¿Cómo lo hacen?

Hacen preguntas como "háblame sobre ese momento en el segundo cuarto. ¿Cómo te sentiste y cómo el entrenador le dio la vuelta?" opuesto a "¿cómo ganaron?". O, "¿cómo voltearon este partido, volvieron al juego, y lograron todos los bloqueos para llevarse la victoria al final?" opuesto a ¿cómo estuvo la aparición?".

¿La clave? Piden historias en lugar de una respuesta. Expresan su duda de una manera que *solo* puede ser respondida con una historia.

Los reporteros proporcionan a los atletas los detalles, el contexto y los límites para darles la oportunidad de que hablen tanto como sea posible en lugar de proporcionar una respuesta de una palabra. Es casi como si proporcionaran a los atletas con un esquema de lo que quieren escuchar y cómo pueden proceder. Le facilitan el contar una historia y simplemente se involucran. Es como si alguien te hiciera una pregunta, pero, en la misma pregunta, te dice exactamente lo que quiere escuchar como pistas.

Algunas veces pensamos que estamos haciendo el trabajo fuerte en una conversación y la otra parte no nos está dando mucho con lo que trabajar. Pero, esa es una excusa que oscurece el hecho de que no se la estamos poniendo fácil para ellos tampoco. Podrían no darnos mucho, pero también podrías estar haciéndoles las preguntas equivocadas, lo que los lleva a proporcionar terribles respuestas. De hecho, si piensas que estás sosteniendo la carga en tus hombros, definitivamente estás haciendo las preguntas equivocadas.

La verdad sobre ser un buen conversador es que es más como un baile en parejas que un baile solo, debes trabajar *con* tu compañero, apoyarlos, darles señales, y ayudar a que las cosas fluyan, no solo de tu lado, sino del de tu compañero también. La conversación puede ser mucho más placentera para todos los involucrados si proporcionas un suelo fértil para que las personas trabajen en él. No le pongas una trampa a la otra persona para que falle, convirtiéndote en un mal conversador; solo hará que te involucres menos y que te importe menos, lo que causará que la conversación muera.

Cuando las personas me hacen preguntas vagas y de poco esfuerzo, sé que probablemente no están interesados en la respuesta. Solo están rellenando el tiempo y el silencio. Para crear conversaciones ganar-ganar y mejores circunstancias para todos, pide historias de la manera en que lo hacen los reporteros de deportes. Sé considerado sobre cómo están experimentando la conversación. Haz preguntas de una manera que haga que las personas quieran compartir.

Las historias son personales, emotivas y persuasivas. Hay un profundo proceso y una narrativa que necesariamente existe. Son lo que muestra nuestra personalidad y es cómo puedes aprender sobre alguien. Las historias revelan las emociones de las personas y cómo piensan. Y, por último, pero no por eso menos importante, muestran lo que te importa.

Compara esto con simplemente pedir respuestas cerradas. Estas respuestas a menudo son muy aburridas y rutinarias para que a las personas les importe. Responderán a tus preguntas, pero de una manera muy literal, y el nivel de participación no será el mismo. Salpicar a las personas con preguntas superficiales los coloca en una posición para fallar a nivel conversacional.

Es la diferencia entre preguntar "¿hasta ahora cuál ha sido la mejor parte de tu día? ¡Dime cómo conseguiste ese puesto de estacionamiento tan cerca! En lugar de solo preguntar "¿cómo estás?".

Cuando le haces a alguien la segunda pregunta, estás buscando una respuesta rápida y desinteresada. Estás siendo flojo y no te importa su respuesta o quieres que lleven la carga conversacional. Cuando le haces a alguien las primeras dos preguntas, los estás invitando a que te cuenten una historia específica sobre su día. Los estás animando a narrar una serie de eventos que hicieron o no su día genial. Les estás diciendo que estás interesado más allá de un nivel superficial. Y tu pregunta no puede ser respondida con una simple respuesta de una palabra.

Otro ejemplo es "¿qué es lo más emocionante de tu trabajo? ¿Qué se siente marcar una diferencia?" En lugar de simplemente hacer la genérica pregunta "¿de qué trabajas?" Ya que cuando solo le preguntas a alguien lo que hace para ganarse la vida, sabes exactamente cómo será el resto de la conversación: "oh, hago tal cosa. ¿Y tú?".

Un ejemplo final es "¿cómo te sentiste en tu fin de semana? ¿Cuál fue la mejor parte? El tiempo estaba muy bien", en lugar de solo preguntar "¿cómo estuvo tu fin de semana?".

Algunas veces podría sentirse como si hacer una pregunta relativamente cerrada es más limitante que una amplia y general, y que podrías estar llevando a las personas a un resultado establecido. Es una paradoja: cuando lideras con un par de parámetros y señales establecidos, de hecho estás ayudando a la otra persona. Casi siempre es más fácil responder una pregunta más detallada y corta que pensar en algo que decir para responder "¿cómo están las cosas?".

Generar historias en otros en lugar de simples respuestas les da la oportunidad de hablar de manera que se sientan emocionalmente involucrados. Esto incrementa el sentido de significado que deriva de la conversación. También les hace sentir que estás genuinamente interesado en escuchar su respuesta porque tu pregunta no suena genérica.

Considera los siguientes lineamientos cuando hagas una pregunta:

1. Pide una historia
2. Sé amplio, pero con direcciones y señales específicas
3. Haz preguntas sobre sentimientos y emociones
4. Dale a la otra persona una dirección a la cual expandir su respuesta, y dale múltiples señales, pistas y posibilidades.
5. Si todo lo demás falla, di directamente "cuéntame algo sobre…".

Imagina que quieres que la otra persona satisfaga tu curiosidad. Otros ejemplos incluyen lo siguiente:

- "Háblame sobre la vez que…" contra "cómo estuvo eso?"
- "Te gustó que…" contra "¿qué tal estuvo eso?"
- "Te veías enfocado. ¿Qué pasó en tu mañana…" contra "¿cómo estás?"

Pensemos sobre lo que pasa cuando obtienes (y proporcionas) historias personales en lugar de viejas y gastadas respuestas automáticas.

Le dices hola a tu compañero de trabajo un lunes por lo mañana y le preguntas cómo estuvo su fin de semana. En este punto, tienes catalogado lo que dirás en caso de que te pregunte lo mismo. Recuerda, a la persona probablemente no le importa la respuesta como tal ("bien" o "sin novedad"), pero le *gustaría* escuchar algo interesante. Sin embargo, nunca consigues la oportunidad, porque preguntas "¿cómo estuvo tu fin de semana?" Cuéntame la parte más interesante, ¡sé que no solo miraste una película en casa!"

Empieza a abrirse y a contarte sobre su sábado en la noche cuando de manera separada e involuntaria visitó un club nocturno, un funeral y una fiesta de cumpleaños de un niño. Esa es una conversación que puede despegar y ponerse interesante, y has evitado exitosamente la aburrida e innecesaria charla que persigue a muchos de nosotros.

A la mayoría de las personas les gusta hablar de ellos mismos. Usa este hecho como ventaja. Una vez que alguien recibe tus señales y comienza a compartir una historia, asegúrate de que estás al tanto de cómo estás respondiendo a esa persona a través de tus expresiones faciales, gestos, lenguaje corporal y otras señales no verbales. Escucha pequeños detalles a los que puedas volver luego. Ya que siempre hay al menos una cosa emocionante en cualquier historia, enfócate en ese clímax y no temas demostrar tu interés.

Un consejo rápido para mostrar que estás interesado e incluso dispuesto a añadir a la conversación es algo llamado *ponerle la cola al burro*. Seguramente tiene un mejor nombre, pero por el momento eso será suficiente. El burro es la historia de alguien más, mientras que la cola es lo que aportas. Esto te permite sentir que estás contribuyendo, hace que la otra persona sepa que estás escuchando y se convierte en algo que han creado juntos. En esencia, estás tomando el impacto que alguien más quiere expresar y lo estás amplificando. Estás asistiendo a la otra persona en su propia narración, quieren extraerte una reacción específica y tú estás yendo más allá con la *cola*.

A las personas de hecho les encantará porque, cuando haces esto, tu mentalidad se centra en apoyar las historias de las personas y dejar que sean el foco. Aquí tienes un ejemplo:

Historia de Bob: "fui al banco y me tropecé regando mi dinero por doquier, haciendo que lloviera sin querer".

Cola: "¿pensaste que eras Rico McPato por un segundo?"

Al crear una cola, trata de apuntar hacia la emoción principal que la historia estaba expresando, luego añade un comentario que la amplifique. La historia era sobre Bob sintiéndose rico, y Rico McPato es un pato que nada en piscinas de doblones de oro, así que aporta a la historia y no le roba el show a Bob.

Historia de Sabrina: "¡luego de almorzar, me encontré con el presidente de mi empresa y dijo que me recordaba por las grandes ideas que tuve durante la reunión!"

Cola: "¡como si hubieses ganado un concurso de belleza!"

Esta historia era sobre Sabrina sintiéndose halagada y optimista, así que el concepto de un concurso de belleza amplifica esas emociones. Fomenta el hábito de asistir las historias de otros. Es fácil, ingenioso y extremadamente interesante porque estás ayudándolos.

Enseñanzas:

- Cautivar a las personas usualmente hace referencia a contar una historia que los deje escuchando como niños (de buena manera). La narración es un gran tema que a menudo complican mucho, pero existen muchas maneras de crear este sentimiento de formas pequeñas y usuales en el día a día. Cautivar a otras no es una tarea fácil, pero el material y la habilidad se encuentran dentro de todos

nosotros. Solo tenemos que saber dónde están y cómo acceder a ellos.
- Una manera sencilla de imaginar la narración del día a día es que tu vida sea una serie de historias, mini historias para ser exactos. En lugar de dar respuestas de una palabra, fomenta el hábito de plantear tus respuestas como una historia con un punto. Esto crea más participación, te permite mostrar tu personalidad y da espacio a una conversación más fluida. Además, estas mini historias las puedes preparar antes de una conversación.
- El método 1:1:1 de la narración es simplificarla tanto como sea posible. El impacto de una historia no será necesariamente más fuerte si hay diez oraciones en lugar de dos. Por ende, el método 1:1:1 se enfoca en la discusión y la reacción que tiene lugar después de la historia. Una historia puede estar compuesta solamente por (1) una acción, (2) una emoción y (3) una oración que la resuma. No te pierdas divagando y asegúrate de que tus oyentes sientan que están realmente participando en la conversación.

- La columna vertebral de la historia es más o menos la fórmula de cada película existente. Es un esquema sencillo que puedes usar en tus historias y conversaciones de todos los días porque te enseña qué ritmo emocional está presente en una historia. Existe el statu quo, el evento que pone todo en marcha, el establecimiento de las consecuencias para cambiar el statu quo, el clímax o resolución y luego lo que pasa después del hecho.
- Las historias también pueden ser la base de un chiste interno. Cuando lo piensas, un chiste interno es algo que surge varias veces con la misma persona y provoca una emoción positiva. Es el mismo tema llevado a un contexto diferente. Por ende, solo necesitas retomar una historia a través de una conversación y hay una alta probabilidad de que quede como ese momento de "recuerdas cuando hablamos de...". Mientras más lo uses, más único será el lazo creado entre ustedes dos.
- Mejorar tu habilidad narrativa es importante, pero, ¿qué hay sobre

obtener historias de otros? Puedes expresar tus preguntas cuidadosamente para pedir historias en lugar de respuestas a las personas, lo cual es una manera sencilla de hacer una conversación más fácil y más agradable para todos los involucrados. Existen maneras para hacer que las personas se abran y quieran seguir la plática. Recuerda la lección que aprendimos con el método 1:1:1 al señalar la emoción que la persona está tratando de expresar. Para amplificar esto, puedes *ponerle la cola al burro* y aportar estratégicamente algo a la historia de las personas.

Capítulo 4. Mantenlo fluido e ininterrumpido

Sí, la charla y todas sus encarnaciones son bastante terribles como un todo. Sí, puede ser raro iniciarla algunas veces y pocas personas disfrutan realmente una conversación con un extraño que tiene que comenzar "fría". Pero, eso no cambia el hecho de que somos al menos parcialmente responsables por los resultados que hemos obtenido hasta ahora.

La razón por la que la mayoría de las personas odia las charlas no es porque no les guste una conversación, o las personas, o la conversación con las personas. Más bien, no le gusta la posibilidad de caer en una de esas incómodas y aburridas charlas con otros que te deja sintiendo que quieres que se abra la tierra y te trague. El problema está cuando las charlas se mantienen *cortas*.

De cierta manera, la mejor charla del mundo siempre es un acto de apertura para mejores cosas. Si realmente eres bueno con las charlas, entonces el chiste es que pocas veces tienes que hacer mucho, porque cuando lo haces correctamente, usualmente te alejas de conversaciones más profundas e interesantes. Por otro lado, si odias las charlas y las evitas, te vuelves menos habilidoso con ella, y fijas un ciclo vicioso donde nunca aprendes a usar las charlas para tu ventaja.

¿Qué podemos hacer para evitar que las charlas se estanquen y se dirijan a un lugar donde ninguno de los participantes quiere ir? Algunas veces es como ver un lento descenso hacia un agujero negro, sabes a dónde vas, y parece que no hay nada que puedas hacer al respecto más que dejarte llevar.

Así que aquí tienes un par de maneras para que las charlas no se queden cortas.

Crea movimiento

Podrías no pensarlo de esta manera, pero las conversaciones y las interacciones siempre deben moverse a algún lado; siempre debe haber un sentido de movimiento. Se trata de un flujo. Cuando alguien dice "podemos hablar durante horas sin siquiera notarlo" están diciendo que la conversación fluye tan bien que el paso del tiempo es irrelevante. ¡Lo opuesto a esas insoportables e incómodas conversaciones donde treinta segundos parecen durar una eternidad! Cuando las cosas fluyen a un buen ritmo, las experimentamos como algo agradable e interesante.

Cuando tienes movimiento en una conversación, no es que estés inyectándole necesariamente energía y un buen ánimo. Es que no puedes mantenerte en el mismo tema para siempre y la conversación tiene que evolucionar de una u otra manera, o simplemente pasar a otro tema. Pero si te mantienes estancado y sin movimiento entonces... bueno... ¿qué estás haciendo?

Eso suena a algo como lo siguiente:

"¿manejaste una hora para llegar aquí? Eso está de locos… el tráfico está loco. Pero, todo el mundo tiene que viajar diariamente al trabajo estos días. ¿Qué tipo de tráfico había hoy?"

Esa es una interacción con cero movimiento y lo puedes sentir. Veámosla desde un contexto teatral. Imaginemos que el comienzo del tema para una escena es una visita al dentista, y comienza en el recibidor. ¿La escena se mantiene en el recibidor? Por supuesto que no. Se mueve en al menos una de varias maneras.

La escena podría cambiar de ubicación a la oficina del dentista como tal.

La escena podría presentar diversos personajes.

La escena podría cambiar su enfoque o alejarse del dentista y ya.

La escena podría cambiar su objetivo inicial y el paciente está visitando al dentista porque es un asesino, en lugar de ir para limpiar sus dientes. Y así sucesivamente. Pero, el recibidor es solo una parte de la historia y el movimiento dicta que solo lo será temporalmente.

Contrario a cualquiera de esas situaciones de una escena que se mantiene exactamente en el recibidor, hablando sobre lo mismo. Podría no ser la peor escena, pero tendría que escribirse *exageradamente bien* para que sea interesante. Y sabemos que ese nunca es el caso con las charlas.

Ya hemos visto por qué las historias son tan cautivadoras y esto no es diferente. Para que a nosotros nos importe una conversación, tiene que mantenerse viva y activa. Tiene que sentirse que tiene un objetivo y dirección. Por eso es que, extrañamente, puede ser más satisfactorio hablar con alguien que no está de acuerdo en lugar de alguien que comparte exactamente la misma opinión. Cuando dos personas tienen precisamente el mismo punto de vista, su conversación podría no sentirse tan dinámica como una donde las personas están discutiendo y debatiendo un poco.

Para reducir esta sección a un sentimiento principal, la charla y la conversación en general fluyen mucho mejor si intencionalmente creas movimiento y buscas terminar en un lugar diferente al que comenzaste. Por ejemplo, no puedes hablar sobre el clima para siempre. Necesitas crear un movimiento para alejarte de ese tema y abordarlo desde un ángulo diferente. Puedes planear tus conversaciones para que se parezcan a historias y películas, y aprender sobre tipos específicos de emociones que puedes introducir en el camino.

Cuando vas a ver una película, no estás buscando algo que encaje en tu vida diaria. Estás buscando una historia sobre algo significativo o inusual o extraordinario, una desviación de tu vida diaria. Si vas a ver una película biográfica, no quieres ver las partes tediosas de la vida de los personajes donde usan el baño y se cepillan los dientes.

En lugar de eso, quieres ver los momentos únicos, interesantes y exagerados. Quieres ver conflicto, solución de problema, luego la resolución. Estos son todos logrados al crear movimiento en temas normales de conversación, y no quedándose en un solo lugar.

Una conversación que se queda en un lugar eventualmente se volverá un relleno aburrido, ya que los temas pueden agotarse fácilmente si no hay movimiento. Podrías sentir ese agobiante sentimiento de cubrir el mismo suelo, o tener ese molesto sentido de "¿y entonces?" mientras tú o la otra persona habla. Como lo mencioné antes, hay limitados comentarios o preguntas que puedes hacer sobre el clima. Así que, ¿cómo creas movimiento en un tema como este?

Tipos de movimiento:

- Cambia el tema a uno relacionado con el clima.
- Profundiza en el tema del clima, más allá de los comentarios a nivel superficial.
- Comparte una experiencia personal con el clima.
- Pregunta cuáles son sus climas favoritos.
- Habla sobre las emociones que el clima provoca en ti.
- Discute tu opinión matizada sobre el clima.
- Haz preguntas excéntricas o hipotéticas sobre el clima.
- Referencia a terceros (documentos,

artículos, declaraciones de amigos) en relación al clima.

Nota que estas son maneras similares para crear movimiento como los métodos al manipular la escena en el recibidor del dentista de antes. Estos obligan a que la interacción se dirija hacia otro lado, y no permiten que se mantenga sobre comentarios del clima o que se quede en el recibidor del dentista.

El estancamiento es una de las causas más taimadas de las malas interacciones porque es en lo que caemos eventualmente. Es la forma de conversar del flojo, dependiendo de la otra persona para que lleve la carga de los temas y detalles. Por otro lado, podrías caer en una conversación estancada porque estás ansioso o no completamente presente. Aunque deberías estar prestando atención para no dejar que la conversación muera, tus pensamientos podrían estar por completo en otro lugar.

La regla de crear movimiento lucha con el estancamiento ya que te obliga a alejarte de las rutinas flojas. Antes de que un tema quede totalmente seco, puedes saltar a otros para mantener alta la participación y prevenir callejones sin salida y el aburrimiento. Piensa en ti como un pequeño pájaro saltando de un nenúfar a otro, antes de que el que estás pisando se hunda en el agua. ¡No querrás estar en una posición donde tratas de encontrar el próximo nenúfar cuando ya comenzaste a hundirte!

Joseph Campbell era un teórico de la Liga de la Hiedra que estudió la mayoría de los mitos de todas las principales tradiciones espirituales del mundo y, de acuerdo a él, los grandes mitos e historias comparten ciertos elementos en común. Independientemente de a quién se le estén contando las historias, siempre son efectivas porque dan en el clavo con ciertos temas clásicos que están contenidos en el viaje del héroe.

Ninguna historia contiene un héroe que es solo un héroe al inicio y ya. La historia de un héroe es una que se *mueve* a través de la iniciación, reto, éxito, y más. El héroe de la historia comienza en el punto A y surge una situación que obliga al héroe a viajar al punto B. En su camino de vuelta desde el punto B al punto A, ciertos conflictos y resoluciones ocurren, y el héroe es transformado e iluminado para siempre.

De acuerdo a Campbell, las personas responden al viaje del héroe porque podemos relacionarnos con las etapas. Todos hemos luchado, conquistado y crecido a través del miedo, la adversidad y los obstáculos. Es lo que les da a las historias, y a nuestras vidas, un sentido de significado y dirección. El viaje del héroe tiene éxito al explicar cómo las personas de todo el mundo, de cualquier tipo de cultura, nivel de clase y estudios cursados, tratan con los mismos fenómenos prácticamente de la misma manera. También explica por qué a todos nos intriga el mismo tipo de historias.

Las grandes conversaciones son travesías. Nunca se quedan en el mismo lugar. Hay un sentido de dirección, hay un sentido de conflicto que necesita resolución y hay un sentido de tensión que debe ser desenmarañado. No terminas en un sitio preestablecido, pero tienes que lograr el desenlace. Hay un beneficio, y eso es lo que se logra al crear movimiento. ¿Puedes imaginar lo aburrida y sin sentido que sería una película donde el personaje principal simplemente... se divierte? Sin riesgos, sin acción, sin amenaza o conflicto, sin cambio, sin lección, sin recompensa, sin misterio, sin triunfo, nada. ¿Cuál sería el punto de ver esa película, ¿no?

Veamos otro ejemplo donde el tema es repentinamente un bistec.

Tipos de movimiento:

- ¿Qué te hizo traer el tema del bistec y por qué estaba en tu mente?
- ¿Qué recuerdos tienes con un bistec?
- ¿Cómo ha cambiado tu visión del bistec con los años?
- Un hecho aleatorio o trivial que sepas sobre el bistec.
- Tus emociones hacia el bistec.
- Pregunta sus emociones en cuanto al bistec.

Podemos indagar más sobre el tema del bistec, verlo completamente desde otra perspectiva, examinar sus ideas adyacentes, o dar un salto y hablar de lo opuesto a un bistec (eso es algo interesante, de todas formas ¿qué es lo opuesto a un bistec?). La idea es que un bistec como tema solo puede sostener la conversación por tiempo limitado. Eventualmente tienes que moverte y encontrar con qué seguir la conversación.

Parece obvio que una interacción infundida con movimiento debe estar yendo a algún lado, pero muchas personas son víctimas de una trampa mayor. En la búsqueda de movimiento, hay un gran peligro formándose adelante para las ideas fijas y los destinos en mente.

Esto es peligroso por un par de razones

Primero, imagina el concepto de una presentación con tres participantes, y los tres ya poseen ideas fijas de a dónde quieren que vaya la escena. En esencia, estarán influenciándose entre sí tratando de arrear a los otros dos en la dirección que quieren. No será algo bueno a menos que te guste escuchar tres monólogos de manera simultánea

Segundo, corres el riesgo de un fracaso espectacular cuando estás descarrilado de tu camino o tu destino fijo. Esto se debe a que estás tan enfocado en adónde quieres ir que no has mantenido una mente abierta para otros asuntos o temas, y no podrás adaptarte muy bien.

Si has estado pensando todo el tiempo sobre cómo girar la conversación o presentación al tema de los autos, probablemente termines sin saber qué decir cuando el tema cambie a los diferentes tipos de sombreros. Si mantienes la mente abierta en cuanto al destino, puedes aprender a los golpes, por así decirlo, porque tu banda ancha mental no está de otro modo consumida.

¿Has estado alguna vez en un grupo de conversación donde alguien de repente y de manera bastante aleatoria interviene con una historia que hubiese sido relevante diez minutos atrás, antes de que la conversación siguiera su curso? Están tan decididos a decir su parte que hablan sin que les importe si sigue el flujo o no. La conversación podría farfullar y retrasarse a medida que las personas se dan cuenta de que la persona no estaba prestando atención en lo absoluto, sino que solo estaba esperando una abertura para lanzar su historia. ¡Eso no está bien!

Tercero, tener un destino fijo en mente para tu conversación hace que estés muy enfocado en la meta, y por definición esto significa que estás dispuesto a ignorar el resto de lo que ocurre frente a ti. Podrías incluso estar desestimando a tu compañero de conversación y sus opiniones porque no está proporcionando lo que estás buscando.

Imagina que quieres llegar al mismo tema de los autos, y otros temas se meten en el camino. Estar demasiado orientado a la meta te llevaría a traer los autos una y otra vez, a pesar de que sería un cambio totalmente aleatorio de tema, y no bienvenido ya que se alejaron de dicho tema varias veces. Hace que parezcas alguien que no tiene oído y las personas comenzarán a preguntarse si al menos los has escuchado hablar. Esta tendencia generalmente también te hace un conversador poco interesante.

En lugar de eso, simplemente entiende que te estás estancando y te empeñas en el mismo tema por mucho tiempo. Recuerda, no se trata de *ti* realmente, sino de la conversación como tal. ¿Es una conversación fuerte, saludable y feliz que fluye con facilidad?

Piensa rápido

Ahora sabemos cómo crear movimiento y, aun así, habrá momentos donde simplemente estamos atascados. Nuestras mentes se ponen en blanco. No es que olvidemos cambiar las cosas, es solo que no *podemos*. Cuando tratamos de pensar en cosas diferentes sobre las que hablar, nuestro dilema se vuelve peor, como tratar de escapar de arena movediza. La lucha simplemente se vuelve más dura.
Podríamos estar penosamente conscientes de nosotros mismos quedándonos sin palabras y eso por sí solo es incómodo. Antes de que te des cuenta, la ansiedad y la presión comienzan a acumularse y comienzas a sentir como pierdes el temple.

Así que vamos a simplificar la conversación.

La conversación es una serie de declaraciones, historias y preguntas. Luego de que una persona aporte alguno de esos elementos, la otra persona responde del mismo modo, sea sobre exactamente el mismo tema, o un tema que está de alguna manera relacionado con el original. Eso es todo realmente. Algunas veces tendremos problemas pensando qué decir sobre el mismo tema, o encontrar la conexión con otro tema.

Ahí es donde la asociación libre entra el juego. *¿No es la conversación una serie de ejercicios de asociación libre?*

Por ejemplo, si alguien comenzó a hablar sobre motocicletas y no tienes experiencia o impresiones de motocicletas, entonces, ¿cuál será tu respuesta? Podrías no tener nada que decir respecto a motocicletas, pero, ¿qué tal si alejas la declaración y el contexto y te enfocaras en la palabra y concepto de motocicletas?

Con una sencilla asociación libre, puedes encontrar una manera rápida y eficiente para aportar algo nuevo a la conversación, independientemente de lo atascado que pueda sentirse.

Solo asocia libremente cinco cosas sobre

motocicletas. En otras palabras, suelta cinco cosas (sustantivos, ubicaciones, declaraciones, sentimientos, palabras) que pasaron por tu mente cuando escuchaste la palabra "motocicleta". Permite que tu mente se ponga en blanco y que solo piense en "motocicletas". Deja de pensar en la palabra como una ventana hacia experiencias pasadas y recuerdos. En lugar de eso, comienza a verla como un concepto nuevo nada conectado con lo que hayas experimentado antes.

Sé parte de un juego de asociación de palabras contigo mismo. ¿En qué te hacen pensar las motocicletas? Solo estamos hablando de conexiones netamente intelectuales.

No importa lo que sientas, cuáles son tus emociones. No importa cuáles fueron tus experiencias, sean traumáticas o no. No tiene nada que ver con eso. Esto es un reto netamente intelectual para tratar de llenar rápidamente una lista de cosas a las que el concepto de "motocicletas" puede conectarse.

Cambiemos palabras. Para la mayoría de las

personas, cuando la palabra "gatos" es mencionada, piensan en gatitos, acurrucarse, cajas de arena, chitas, leones, pescado, sushi, pelaje, perros, alergias, el musical, etc. Ten en cuenta que aquí no hay respuesta correcta o incorrecta. Todo es una asociación libre. Lo que es importante es que estés llenando rápidamente esa lista de cosas a la cual conectar intelectualmente la palabra "gatos".

Te darás cuenta que hacer esto es mucho más fácil que salir con una declaración atenta o una pregunta a la declaración "me encantan los gatos". Aun así, tu tarea y reto sigue siendo el mismo, ¿a dónde te diriges con lo que la otra persona dijo? Con ese esbozo y perspectiva, es mucho más fácil disociar la declaración actual y asociar libremente el tema en cuestión.

Hacer esto entrenará tu cerebro para pensar fuera de la caja, a acercarse a la conversación de una manera no lineal y ver las muchas posibles direcciones a las que un simple concepto o palabra pueden llevarte. El truco está en que la asociación libre funciona mejor cuando estás relajado. Si estás ansioso diciéndote "rápido, piensa en algo original o sino...", ¡probablemente estás actuando en tu contra!

Ahora imagina que alguien declaró su amor por las carreras de autos e imagina que tampoco sabes nada de eso. ¿Cuáles son las cinco o seis asociaciones que vienen a la mente al pensar en carreras de autos?

Para mí, es una mezcla de (1) NASCAR, (2) combustible, (3) neumáticos, (4) las películas de *Rápidos y Furiosos*, (5) Japón (no me preguntes), (6) Mustangs. Aquí está la parte mágica: cada una de estas seis asociaciones son temas perfectamente normales a los cuales cambiar manteniéndote en dentro de la conversación.

"¡Me encanta ver las carreras de autos! ¡Es muy divertido!"

"¿Te refieres a NASCAR o carreras ilegales?"

"Siempre me he preguntado qué tipo de millaje de combustible poseen esos autos."

"¿Esos autos tienen neumáticos especializados? ¡No creo que los neumáticos de mi auto puedan con eso!".

"¿Entonces las películas de *Rápidos y Furiosos* son tus favoritas?"

"He escuchado que hay algo llamado drift racing en Japón, ¿te refieres a eso?"

"Siempre imagino las carreras de autos con poderosos e inmensos Mustangs. ¿Ese es el tipo de carreras que ves?"

Aquí puedes ver algo interesante: no necesitas saber nada en absoluto sobre el tema para lograr una asociación libre. No tienes que ser un experto. Si estuviesen charlando con un PhD en biología que casualmente mencionó los "psicobióticos", podrías sonreír y decir "vaya, ¿qué es *eso?* ¡Me suena a un tipo de yogurt alucinógeno!".

Aquí, el hecho de que eres un ignorante en el tema no significa nada, aun así, puedes participar de una manera animada y razonable en la conversación (e invitar a la otra persona a que hable más sobre lo que sabe).

Si tienes una asociación rara o sin sentido, mejor aún. Hay espacio para un poco de humor, creatividad y una oportunidad para traer algo de tu propia emoción y personalidad a la mezcla. Podrías no sentirte como una persona naturalmente ingeniosa o humorística, pero, practica la asociación libre frecuentemente y ¡podrías sorprenderte con lo que inventas!

Prueba la asociación libre con las palabras "café" y "trenes" y piensa cuán fácil se vuelve construir preguntas y conversar generalmente sobre algo una vez que formas un mapa mental del tema y sus temas relacionados.

Simplemente te sientes *liberado*.

Claro que, la mejor manera de hacer esto es no hacerlo la primera vez cuando estás en una conversación de verdad. Practica la asociación libre de manera consciente varias veces durante la semana. Mientras más lo hagas, mejor serás en ello.

Aquí tienes cómo practicar: sobre un papel, escribe cinco palabras aleatoriamente. Pueden ser lo que sea, sustantivos, verbos, recuerdos e incluso una emoción o sentimiento. Imagina que la primera palabra que escribes es "servilleta". Lo más rápido posible, escribe tres asociaciones para esa palabra. Toma la última palabra que pensaste y luego, lo más rápido posible, escribe tres asociaciones para esa nueva palabra. Repítelo tres veces y luego pasa al siguiente conjunto de palabras.

Servilleta -> mesa, cuchara, cena fina.
Cena fina -> Francia, Estrella Michellín, mayordomo.
Mayordomo -> Jeeves, guantes blancos, Michael Jackson.
Y así.

O escoge aleatoriamente una palabra de un diccionario y hasta una lista con quince palabras en una cadena de palabras asociadas lo más rápido posible. Luego, hazlo una y otra vez, verbalmente, porque eso requerirá el pensamiento más rápido posible.

Luego de que te sientas más cómodo con la asociación libre con palabras aleatorias, puedes dar el siguiente paso y escoger dos palabras aleatorias de un diccionario y finge que son el nombre de una empresa. Luego, crea una historia corta sobre lo que hace esa empresa, lo más rápido posible.

Por ejemplo, las dos palabras aleatorias que escoges son: botella, África. La historia corta que yo construiría sería sobre una empresa llamada "Botella de África" la cual importa licores africanos caseros.

El paso final para estos ejercicios de asociación libre es escoger cinco palabras aleatorias del diccionario y crear una historia que involucre todas las palabras, lo más rápido posible.

Nuevamente, estos ejercicios buscan entrenarte para que pienses rápidamente y para que seas creativo, así que es imperativo que hagas estos ejercicios a "máxima velocidad". Serán difíciles, y al comienzo las respuestas podrían parecer terribles. Pero, imagina lo grande que será la diferencia entre tu primer día y tu décimo día, por decir algo.

Ese es el poder de la asociación libre y la práctica.

Si también te importa analizar las similitudes entre la asociación libre y la conversación, podrías darte cuenta que es básicamente lo mismo. En una conversación, responderás a alguien sobre un tema, un tema ligeramente relacionado o un tema nuevo. Ese es exactamente el tipo de razonamiento que adopta la asociación libre. En cierto sentido, la asociación libre te entrena para que se te ocurran temas de conversación rápidamente.

Practicar la asociación libre es una excelente base para la buena conversación porque la conversación se trata de relacionar cosas no relacionadas, hacer conexiones e ir acorde al flujo de los temas. La próxima vez que estés luchando por conseguir algo que decir, da un paso atrás y acude a tus habilidades para la asociación libre practicadas anteriormente.

Al igual que con cualquier otro aspecto de las habilidades conversacionales, solo puedes dominarla si lo intentas lo suficiente. La mejor parte de todo esto es que puedes hacerlo de inmediato. Estás atrapado en una corriente de flujo de consciencia. Siempre recuerda que no hay respuesta correcta o incorrecta. Si crees que la hay, te estarás poniendo una presión innecesaria. Elimina esa presión y te abrirás a todo un mundo de frescas posibilidades.

Acrónimos útiles

HFM, SBR y EDR. ¿Qué son estos extraños acrónimos?

Básicamente son nueve tipos distintos de respuestas que puedes usar para prácticamente cualquier tema que surja en una conversación. Todos son muy útiles porque si te quedas sin palabras o puedes ver que se avecina un silencio incómodo, puedes esencialmente usarlos como letreros para romper el hielo y encontrar temas sobre los que hablar y formas de responder a las personas.

También tiene sentido referirse a ellos como "conectado y listo para usar" porque todo lo que necesitas es conectar una de estas respuestas y bingo, simplemente funciona.

Las respuestas correctas pueden llegar lejos

para encender y dar nueva vida a tus conversaciones. No importa lo buen conversador que seas porque los silencios incómodos siempre están a la vuelta de la esquina. Usando estos acrónimos siempre puedes encontrar una manera de esquivar esos inminentes silenciadores de conversaciones.

HFM

HFM significa Historia, Filosofía y Metáfora.

Esto significa que, en respuesta a una pregunta o declaración dirigida a ti, respondes con tu propia declaración que evoque historia, filosofía o una metáfora.

HFM tiende a utilizar tus recuerdos, experiencias y opiniones, lo que es un poco diferente de los otros acrónimos que aprenderás en este capítulo. Es más interno y personal, mientras que los otros son más externos y del momento.

Historia significa que respondes con tu experiencia personal en cuanto al tema (no, no examines tus recuerdos buscando una emocionante anécdota sobre la vida en tiempos medievales). Por ejemplo, si alguien te cuenta una historia sobre esquiar, esta es una señal para que respondas con:

- Esto me recuerda la última vea que esquié...
- Es como la primera vez que esquié de niño...
- Que coincidencia, el amigo de mi mamá fue a esquiar la semana pasada y la pasó de lo mejor...

Filosofía, por otro lado, involucra tu postura personal u opinión sobre un tema específico (nuevamente, ¡esto no significa que tienes que compartir tu conocimiento sobre las *Éticas de Spinoza*!). Aquí es donde compartes material personal o emotivo. Por ejemplo, si alguien te cuenta la misma emocionante historia sobre esquiar, puedes responder con:

- Siempre me ha encantado esquiar porque...
- Odio esquiar desde que...
- ¡Esquiar es súper divertido! Mi pasatiempo favorito.

- No sé cómo me siento respecto a esquiar. Por un lado…

Metáfora, por otro lado, involucra a lo que te recuerda el tema de conversación. Si estás escuchando la misma historia sobre esquiar por tercera vez el mismo día, podrías no querer hablar sobre eso otra vez. Por ende, esta es una señal para que cambies sutilmente el tema a algo que esté relacionado o… no tan relacionado. Si has estado practicando tu asociación libre, esto te saldrá de forma automática. Funciona mientras puedas introducir el nuevo tema con cierto nivel de transición.

- Eso me recuerda a…
- Eso es justo lo opuesto a snowboarding, ¿cierto?
- Eso me hace pensar en…
- Eso es similar a…

Ten en cuenta que HFM se enfoca más en ti, en lo que piensas y en cuáles son tus experiencias. Realmente no tiene que ver con la otra persona, sino con lo que el tema te provoque; un recuerdo, una opinión o sentimiento, o un punto a partir del cual saltar el tema.

Parece bastante sencillo e intuitivo, ¿cierto? El punto es que todo el mundo tiene estas cosas, todo el mundo tiene historias personales y experiencias, todo el mundo tiene opiniones y posturas sobre temas, y todo el mundo puede visualizar cómo un tema se relaciona o recuerda a otro. Es solo que somos conversadores flojos y no nos damos cuenta del amplio alcance que tenemos disponible sobre el cual hablar.

EAR, por otro lado, es similar pero probablemente más fácil de usar al momento que HFM. Es externo, lo que significa que todo lo que necesitas para continuar cualquier tema de conversación está justo frente a ti.

EAR

EAR significa Específico, Amplio y Relacionado. Para cualquier declaración o pregunta dirigida a ti, puedes responder con uno de estos tipos de declaraciones.

Algo específico significa hacer preguntas dirigidas en cuánto a un tema sobre el que estés hablando. Este tipo de respuesta te permite llevar la conversación hacia adelante o profundizarla al extraer buenos detalles. Imagina que quieres llegar al meollo del asunto de lo que está discutiendo. Tomemos el ejemplo de esquiar que usamos antes:

- ¿Por qué tipo de pendiente bajaste?
- ¿Cómo estaba la nieve?
- ¿Cuántas veces has esquiado recientemente?

Algo amplio significa que haces preguntas amplias sobre el tema. Estas crean contexto y son geniales para saltar a subtemas. Esto permite que la conversación proceda con fluidez desde el tema principal al subtema y durante todo el camino hasta el nuevo tema. Obtén el trasfondo y la configuración del terreno aquí.

- ¿Dónde fue esto?
- ¿Con quién fuiste?
- ¿Cuándo fue esto?
- ¿Cómo manejaste hasta allí?

Finalmente, algo relacionado se refiere a hacer preguntas sobre algo que es directa o ampliamente relacionado con el tema de tu conversación. Lo genial sobre algo "relacionado" es que te permite explorar problemas tangenciales del tema en su totalidad.

- Me encanta cuando nieva afuera.
- Me encantan los viajes de fin de semana.
- ¿No es genial estar lo más físicamente activo posible?

La característica unificadora de la estrategia de conversación EAR es que se enfoca principalmente en los temas sobre los que estás hablando. Eso quiere decir, que estás tomando exactamente el tema que está frente a ti, indagando el tema, y esencialmente permitiendo que la otra persona te guía con preguntas.

Ese fue un conjunto de reglas bastante directo, ¿cierto? Ahora tienes seis respuestas que puedes usar en prácticamente cualquier situación, casi como si estuvieses leyendo letreros y puedes simplemente decir "oh... hmm... filosofía... bueno, eso me hace sentir...".

Pasamos al último: EDR. Con estos últimos tres de los nueve esquemas, has añadido un montón de participación, personalización, profundidad e intriga a una conversación que podría de otro modo haber comenzado y terminado en "hola, ¿cómo estuvo tu fin de semana?".

EDR

EDR es la última parte de los nueve esquemas que puedes emplear para responder prácticamente cualquier cosa. Es una opción mixta entre HFM y EAR, puedes usar lo que está frente a ti, pero es incluso mejor si recurres a tu interior y hablas sobre tus propios pensamientos y emociones.

EDR significa Emoción, Detalle y Reafirmación.

E (emoción) es cuando respondes a una declaración hecha en una conversación manifestando la emoción o estado emocional de alguien más.

Mencionas la que crees que será la respuesta emocional de tu compañero de conversación. Por ejemplo, "parece que estás muy emocionado por eso". Si para ti no es 100% aparente y claro cuál es el estado emocional de la otra persona, puedes hacer una declaración resumiendo una suposición para ver si estás en lo correcto o no. No tienes que estar en lo correcto; el punto es que si estás en lo correcto o no, te corregirán y automáticamente explicarán sus sentimientos reales.

"¡Fui a esquiar la semana pasada!"

"¡Suenas emocionado por eso!".

Si estabas equivocado... "De hecho no, es porque..."
Si estabas en lo correcto... "Totalmente, es muy emocionante estar en la ladera".

Piensa en esto como ser un terapeuta muy abierto que solo quiere hablar de los sentimientos de las otras personas. Cuando manifiestas las emociones de alguien más, pareces estar muy en sintonía con ellos y comprometido con su bienestar.

Lo que hace que este acercamiento sea particularmente efectivo es que hablas sobre las emociones de otras personas, no las tuyas.

Como lo hemos establecido, a las personas les gusta ser el centro de atención. Mientras más atención les das, más propensos son a hablar. Con E, les permites tomar el primer plano y expresar sus emociones. Las personas aprecian esto porque a la mayoría les gusta sentir que importan y no muy a menudo se les da la oportunidad de sentirse de esa manera.

D (detalle) es cuando respondes a un tema y lo haces pidiendo detalles y cómo se relacionan con la persona con quién estás hablando. Esto es similar a la E en EAR (el acrónimo anterior).

Obtienes los detalles y también una visión general de cómo impactan a la persona con quien estás hablando. Por ejemplo, las Cinco W del periodismo (qué, quién, cuándo, dónde, por qué) funcionan perfectamente aquí. Las Cinco W funcionan tan bien porque te permiten ser consistente en diferentes detalles con la persona con quién estás hablando. Piensa en ti como un detective escudriñando diferentes pistas para resolver un misterio.

Por ejemplo, "¿cuándo comenzaste a hacer eso?", "¿Cómo te hizo sentir eso?", y así.

R (reafirmación) significa reafirmar o resumir lo que la otra persona dijo y luego devolvérselo.

Esto es muy efectivo porque le permite a la persona con quien estás hablando saber de manera fuerte y clara que le estás prestando atención. ¡Estás prestando tanta atención que no puedes sacar sus palabras de tu boca!

Como mencioné antes, a las personas les gusta sentir que importan. Qué mejor manera de mostrar esa apreciación que simplemente hacerles saber, en términos claros, que estabas escuchando lo que tenías que decir y, además, quieres asegurarte de que entiendes lo que han dicho.

Cuando reafirmas lo que dicen, esencialmente los estás validando dos veces. Primero, el simple acto de resumir lo que ya dijeron los valida. Les hace saber que los estabas escuchando. Encima de eso, les pides permiso o confirmación para ver si los has entendido correctamente. Esto crea un sentido tremendo de comodidad y validación para la otra persona.

"Yo fui a las montañas a esquinar la semana pasada."

"¿Así que fuiste a esquiar a las *montañas* la semana pasada?"

"¿Así que fuiste a *esquiar* a las montañas la semana pasada?"

"¿Así que fuiste a esquiar a las montañas *la semana pasada*?"

Esto provoca que profundicen su declaración sin que tengas que decir mucho. Todo lo que hiciste fue decirles exactamente lo mismo a ellos, con un pequeño énfasis en una palabra diferente para indicar que tienes curiosidad y quieres una aclaratoria sobre un aspecto de lo que han dicho. Cada una de estas tres versiones es una aseveración o pregunta claramente diferente, pero estás usando sus palabras exactas.

Piensa en esto como un psicólogo refrescándole la memoria a un paciente para descubrir cosas más personales. Al usar EDR en adición a HFM y EAR, ahora tienes nueve maneras de responder a las personas sobre cualquier cosa.

¿Cuál de las nueve se siente fácil y natural para ti? ¿Y cuál se siente difícil?

Presta mucha atención porque, como se acotó anteriormente, algunas de estas son más sobre tus propios pensamientos y trabajo interno mientras que otras son sobre la situación frente a ti y la otra persona. Así que, si te desvías mucho en una dirección puede significar que eres un conversador narcisista o alguien que no proporciona valor o contenido alguno.

Encadénalas, y con estas nueve técnicas básicamente nunca te quedarás sin algo que decir.

Enseñanza:

- ¿Cómo puedes mantener la conversación, la charla especialmente, fluyendo ininterrumpidamente cuando sientes que ya no tienes sobre qué hablar? Este es un reto incluso con buenos amigos algunas veces. La mayoría del tiempo, este sentimiento de estancamiento ocurre porque estás haciendo exactamente eso, estancándote, y nada está siendo añadido o extraído de la interacción en ninguna de las partes. Pero, hay diversas maneras para cambiar eso.

- Primero, crea un sentido de movimiento. Quedarse en el mismo tema, emoción o sentimiento por mucho tiempo creará un sentido de aburrimiento e incluso leve estrés. *¿Por qué no puedes escapar de esto?* Ciertamente, si miras una película y solo son personas hablando todo el tiempo, mejor que la película esté *exageradamente bien escrita* para que sea interesante. Para comparar, el viaje del héroe de Joseph Campbell es una historia clásica que sigue la aventura, éxito y subsecuente transformación de alguien. Afortunadamente, existe una gran cantidad de maneras de crear movimiento en una interacción, pero, la parte más poderosa es simplemente

darse cuenta de que las cosas deben moverse de alguna forma.
- Algunas veces, a pesar de saber muy bien que debemos crear movimiento, somos incapaces de hacerlo. Algunas veces nuestra mente se pone en blanco. El siguiente par de secciones trata con esto específicamente, ¿cómo puedes pensar más rápido? Esto requiere práctica; nadie que lo maneje de manera consistente nace realmente con tal ingenio. Entonces, ¿cómo practicas? Con la asociación libre. Simplemente al tomar una palabra y nombrar algunos conceptos o palabras que la palabra inicial te recuerde. La parte importante es entrenar el reflejo de respuesta rápida de tu cerebro y superar cualquier filtro mental que puedas poseer. También puedes escoger dos palabras y relacionarlas con una breve historia, o cambiar a palabras aleatorias en el diccionario y usarlas para crear una historia.
- Finalmente, en caso de que todo lo demás escape tu mente, existen tres acrónimos increíblemente útiles que pueden ayudarte para que nunca te

quedes sin algo que decir en el camino. Estos acrónimos son: HFM, EAR y EDR. HFM significa Historia (tu experiencia personal en el tema), Filosofía (tu opinión sobre el tema), y Metáfora (sobre lo que te hace pensar el tema). EAR es por Específico (más detalles sobre el tema), Amplio (contexto más amplio del tema), y Relacionado (temas relacionados). EDR es por Emoción (las emociones que el tema provoca en la otra persona), Detalle (más detalles sobre el tema) y Reafirmación (reafirmar el tema para provocar una mayor elaboración).

Capítulo 5. Ve más allá, sé mejor

Hasta este punto del libro, hemos hablado sobre las primeras impresiones, narración y cómo debes acercarte generalmente a las personas para superar la charla.

Ahora enfoquémonos un poco más en cómo llegar realmente al siguiente nivel de cercanía con alguien. No es tan difícil como imaginas, pero puede requerir algunos ajustes a la manera en que interactúas actualmente con las personas. Este es más o menos un capítulo sobre cómo caerle bien a alguien. Hablaremos primero sobre los elogios, un método más obvio, mientras las otras secciones cubren transmitir comodidad, seguridad y tranquilidad. Algo de esto podría parecer simple u obvio, ¡pero no son usados bien por la mayoría de nosotros!

El truco más viejo del libro

Ciertamente una de las formas más fáciles de caerle bien a alguien es elogiándola rápida y libremente. Esta es una zona de impacto para adulaciones y hacer que las personas se iluminen con una sonrisa. Si lo piensas, probablemente tengas pensamientos positivos sobre las personas en tu cabeza, así que no hay razón para no hacer escuchar esos pensamientos. Solo que tendemos a estar obsesionados con aspectos dignos de una mirada con desdén más de lo que nos gustaría.

Dentro del mundo de los elogios, existen dos niveles que quiero contrastar. El primer nivel es pan comido, solo un número finito de veces alguien puede escuchar que tiene lindos ojos y estar impactado por eso. Este es el nivel donde la mayoría de las personas está atascada. Son más como observaciones simples en lugar de afirmaciones bien pensadas.

Sabrás la diferencia entre estos dos tipos de elogios por su impacto sobre la persona. Los ojos son geniales claro, pero es algo bastante superficial que señalar. Solo un número finito de veces puedes escuchar que tienes lindos ojos y que te siga importando. ¿Cómo haces elogios más considerados y menos superficiales?

El segundo nivel de los cumplidos va debajo de lo superficial. Para un impacto máximo, elogia a las personas por dos cosas (además de lo obvio y superficial). Elogia a las personas por (1) cosas sobre las que tienen control y (2) cosas sobre las que han tomado una elección consciente. Podría haber una coincidencia significativa entre las 2 formas.

¿Por qué? Porque estas son cosas que probablemente hagan que la persona se sienta orgullosa y reconocida. Si tienes lindos ojos, bueno, eso es suerte supongo, pero no es un logro o algo en lo que tuviste un voto. No es algo que hable de tu personalidad en absoluto, así que puede sentirse vacío. Por esto es que las personas atractivas son casi inmunes a los elogios sobre su apariencia, saben lo poco que tienen que hacer para ser atractivos, así que no lo sienten como un elogio real para ellos.

Por ejemplo, nadie tiene el control sobre el color de sus ojos; por ende, no es un elogio muy impactante. Sin embargo, alguien podría haber tomado la elección consciente de llevar un peinado específico que requiere una hora de arreglo. Si elogias esto, le estás diciendo que reconoces y le das peso a su esfuerzo. Si elogias su vestimenta, estás reconociendo su gusto tan genial. Otros ejemplos incluyen hábitos específicos, trabajos y frases que las personas usan, claro sentido de la moda, pensamientos únicos, y más.

¿Por qué estos aspectos son mucho más personales e impactantes para elogiar? Porque reflejan el proceso de pensamiento y la identidad de la persona. Estas son elecciones que la gente toma conscientemente para que los represente, son sus gustos y valores. No lo hacen por otros, pero están esperando ser juzgados y elogiados de una manera positiva por sus elecciones. Mientras más extravagante sea algo, más valiosa es la confirmación positiva. Por consiguiente, cuando elogias a alguien sobre sus elecciones y pensamientos, los reconoces en el nivel más alto. Les estás diciendo que estás de acuerdo con ellos, todo valió la pena e ¡hicieron la elección correcta!

Puedes ver que elogiar a una persona sobre algo sobre lo que no tiene control, como su color de ojos, no llega a ser algo más que "oye, ¡felicitaciones por ganar la lotería genética con tus ojos!" Ahora bien, si esta persona estaba usando lentes de contacto de colores, el elogio podría estar mejor porque eso es obviamente una elección que hizo para alterar su color de ojos original.

Elogia cosas que tu compañero de conversación haya pensado bastante. Esto podría incluir una brillante camisa, una cartera peculiar, una inusual pieza de arte o un auto clásico. Estas cosas están fuera de lo ordinario, no son comunes y reflejan una clara divergencia de la norma. Nunca sabes si la imagen pública de alguien está arraigada al hecho de que eligen usar camisas hawaianas. Al elogiar a alguien por algo que claramente han escogido con un objetivo, reconoces y validas la imagen que han decidido que se tenga sobre ellos mismos.

Otras cosas por las que puedes elogiar a las personas que muestre elecciones individuales son sus costumbres, la manera en que expresan ciertas ideas, sus opiniones, su visión del mundo y su perspectiva.

Vale mencionar que tu elogio debe ser sincero. Si estás elogiando a alguien solo por decir algo bonito, usualmente es bastante transparente y tendrá un efecto mediocre en la persona. A nadie le gusta sentir que están siendo manipulados de esta manera. ¿Qué preferirías: alguien que te exprese una apreciación legítima o alguien que se comporte de ciertas maneras para hacerte sentir bien deliberadamente?

Este es un punto sutil que vale la pena llevarse a casa. Las mujeres en especial, podrían haber recibido elogios de los hombres como parte de una simple transacción, o una puerta hacia una atención indeseada o falsa. Similarmente, las mujeres podrían elogiar a las personas porque están tratando de reafirmar su autoestima, animarse o para ganarse el favor. Es bastante común que alguien simplemente diga "¡me encanta tu camisa!" cuando lo que quieren decir es "veo que has hecho un esfuerzo usando esa rara camisa hoy. Quiero ser cortés así que lo mencionaré y diré que se ve genial". ¡Hay una gran diferencia!

Haz que tus elogios sean sinceros, apropiados y respetuosos. Sobre todas las cosas, los elogios provocan la debilidad humana más fundamental de todas: nos morimos por la atención. Nos gusta estar en el primer plano y que se nos de la atención que sentimos que merecemos. Las personas no son muy elogiadas a diario, especialmente los hombres.

Podemos ver fácilmente esto porque la mayoría de las personas no sabe cómo tomar un elogio verdaderamente genuino sin un poco de titubeo incómodo. Haz que sea una meta hacer que las personas titubeen por el elogio que les regalas, eso significa que los impacta más porque simplemente no reciben muchos, y esto tendrá un gran efecto en tu relación. Quieres que las personas experimenten tu elogio como genuino, en lugar de que lo desechen como algo sin importancia

Si alguien es elogiado siempre por una cosa, ¿puedes elogiar a esta persona por algo más? ¿Algo por lo que sienta poco valorada? En un asunto relacionado, trata de hacer un hábito notar, señalar y celebrar la idiosincrasia de las personas. Todo el mundo tiene su propio tipo de rasgo mental, emocional o físico que los hace únicamente *ellos*, y estos pueden tomar formas ilimitadas.

Podrías pensar que estas idiosincrasias son cosas que las personas quieren ocultar y esconder de otros. Pero, esta es la novedad: cuando te das cuenta de estos rasgos, los señalas y los celebras, les encantará. En el contexto de la conversación, van a ser cosas como sus costumbres, tics, gestos, lenguaje corporal, vocabulario, frases únicas o incluso cómo cruzan sus piernas. Hay un gran número de posibilidades. Solo tienes que asegurarte de enmarcar esto de una manera única, positiva y fascinante.

Por ejemplo, todo el mundo tiene rituales físicos diferentes de los que son parte, principalmente de modo subconsciente, cuando hablan con otros. Si no es un ritual físico durante una conversación, todo el mundo tiene maneras diferentes de percibir y abordar su día. Algunas personas masticarán cincuenta veces cada bocado. Otros evitarán tocar la manilla de una puerta al abrirla. Y algunos incluso podrían pisar las grietas de la acera por diversión.

Una vez que hayas observado la misma idiosincrasia al menos un par de veces para asegurarte de que no se debe a un mosquito o algún otro factor ambiental, ¡préstale atención! No de manera negativa, sino de manera observadora.

- *Oye, esa es una manera interesante de atar tus zapatos…*
- *Veo que sigues haciendo patrones con los frascos. Háblame más sobre eso.*
- *¿Prefieres tu brazo izquierdo? Te lo*

suenas cinco veces cada vez que vamos adentro.
- *¿Leíste 1984 recientemente? Usas mucho "gran hermano" …*

Asegúrate de que no tienes ningún tono criticón en tu voz o lenguaje corporal cuando señales una idiosincrasia. No las estás convocando. No es algo negativo. Solo estás dirigiendo el foco hacia algo que es personal para ellos y que pensaban que las demás personas no notarían. Pero, tú lo notaste. El hecho de que lo hayas hecho los hará sentirse especiales porque aparentemente les has prestado muchísima atención. Para continuar con los ejemplos de arriba, ¿cuál imaginas que será la respuesta? Probablemente de shock agradable y una compulsión por abrirse y profundizar contigo.

A continuación, recurrimos a algo que debería ser tan fundamental y enseñado en la escuela desde la niñez, y aun así…

Dos oídos, una boca

Levanta la mano si esto alguna vez te ha

pasado: estás hablando con alguien, e inmediatamente luego de que terminaste de hablar, ignoraron absolutamente todo lo que dijiste, ni siquiera lo reconocieron y continuaron con algo completamente diferente o una tangente. Es como si no escucharan una palabra de lo que dijiste, y probablemente no lo hicieron.

¿Puedes imaginar que pase eso durante una obra?

Actor nro. 1: "Quiero ir ahora mismo a la carnicería, ¡vamos!"
Actor nro. 2: "Esta mesa es fascinante. ¿Crees que fue hecha en Alemania?"
Actor nro. 1: "Hmm... en cuanto a la carnicería..."

El actor nro. 1 quedaría todo confundido. Afortunadamente, si somos honestos con nosotros mismos, este tipo de interacción es común y pasa a menudo. Por más buenas que sean nuestras intenciones, casi todas las personas son terribles oyentes, nosotros incluidos, y eso impacta la calidad de las relaciones. Las personas quieren decir lo que quieren decir y están más interesadas en sus propias vidas que en la de los demás.

Para la mayoría, a un nivel subconsciente, *compartir* es lo importante, no escuchar.

Esta es la naturaleza humana usual, pero no, no significa que es lo mejor para nosotros. Los buenos hábitos como la disciplina, voluntad y enfocarse en los demás va explícitamente en contra de nuestros instintos innatos, así que pueden arruinarse un poco. La conversación es una calle de dos vías, debes darle espacio a la otra persona para que hable para que tú puedas recibir el mismo espacio a cambio.

En la fragmentada y fracturada sociedad de hoy en día, la gente ya no disfruta de las conexiones sociales profundas que solían tener antes. Podríamos sentir que nunca somos oídos, escuchados ni comprendidos. Esto nos hace acaparar la atención inconscientemente cuando tenemos una conversación, pero es un círculo vicioso; la otra persona responde al tratar de recuperar la atención, por lo que en lugar de compartir genuinamente una conexión, terminamos usando diálogos como un tipo de tira y afloja.

Desafortunadamente, muchas personas

(espero que no sea tu caso) pueden ver la conversación como un basurero. Esto pasará de dos maneras.

Las personas llegarán con una agenda establecida y un conjunto de puntos de conversación, o estarán tan enfrascadas en sus propias vidas que solo quieren compartir algo contigo y no escuchar de tu vida. En cualquier caso, abren sus bocas, descargan la información, y no se detienen hasta que se cansan de su propia voz. Estás allí principalmente para recibir el discurso pre preparado, o asentir mientras se descargan.

¿Cómo se siente el oyente frente a esto? Las personas no son tontas. Las personas pueden detectar cuando estás enfocado e interesado en lo que tienen que decir. Es decir, cuando solo quieres hablarles *a ellos* y no *con ellos*.

Se percatarán de ese claro sentimiento de que la otra persona solo está esperando su turno para hablar y no está interesada en nada de lo que tengan que decir. Es como si supieran que están haciendo lo mejor para tratar de escucharte, pero sienten que sus vidas son mucho más cautivadoras que no se pueden resistir para volver a ese tema.

Los oyentes no están consiguiendo mucho en el intercambio y, en algún punto, solo escuchar a alguien y percatarte de que tus entradas han sido ignoradas es suficientemente oneroso y simplemente molesto. En una obra, las partes no estarán trabajando juntas, y la escena será desarticulada ya que una persona tendrá que satisfacer los caprichos de la otra.

Aunque la mayoría de las personas odia estar del lado receptor de esto, probablemente podríamos usar nuestra energía de una manera más sabia para aprender a no hacerle esto a otros. El silencio es una herramienta de comunicación efectiva. Úsala con más frecuencia de lo que crees que deberías. Si alguien con quien interactúas responde a tus preguntas felizmente pero no toma un descanso para preguntar cómo estás, entonces *ese alguien* debe callarse un poco. Si ese alguien eres tú, *tú* eres quien debe callarse.

Puede ser difícil porque a veces

acumulamos mucha energía durante las conversaciones. Sentimos que estamos de buena racha con lo que estamos hablando y podríamos seguir por horas. Quizás digan algo y simplemente conoces una historia increíble con la cual responder, y de pronto todo en lo que puedes pensar es encontrar un lugar para introducir esa historia.

Esa es una búsqueda egoísta, y si alguien quiere acaparar el foco por un rato, debes cederlo por completo y estar dispuesto a desviarte y saltar completamente hacia las ideas y temas de alguien más.

Por consiguiente, en una conversación, una de las primeras claves es que no solo esperes tu turno para hablar. Para algunos, esto suena a "dejar que las personas hablen y no interrumpirlas", pero el asunto va mucho más allá de eso.

Esto de hecho significa vaciar tu mente y dejar de componer tu respuesta o el siguiente tema mientras alguien está hablando. Cuando estás escuchando, no solo estás esperando por tu turno para hablar y preparándote para eso. Estás escuchando con una pizarra en blanco y *luego* adaptando tus respuestas directamente a lo que se acaba de decir, luego de que se haya dicho. No solo estás escuchando con el objetivo de responder. Estás escuchando y, luego, respondes.

A donde sea que la otra persona quiera desviar la conversación, debes estar dispuesto a hacerlo también. Esa es una gran manera de escuchar y mostrar respeto.

Si estás dejando que la otra persona hable simplemente porque sientes que no deberías hablar por tanto tiempo en cierto punto, solo estás esperando tu turno para hablar. No estás participando en la conversación; estás ofreciendo un monólogo esperando que la otra persona contribuya y lo escuche. O peor aun, la otra persona te escucha de una manera similar y estás en un caso de monólogo contra monólogo.

Incluso algo más serio, no estás respetando a tu compañero de conversación. Tu comportamiento le dice que no lo valoras lo suficiente para escucharlo mientras esperas por tu turno para descargar lo que tienes que decir. Mucho de esto se hace de manera inconsciente, por lo que estaría mal decir que somos maliciosos en nuestras conversaciones diarias. Algunas veces estamos muy ansiosos por hablar sobre nosotros mismos porque nuestras vidas son mucho más interesantes para nosotros, así que ¿por qué no lo serían para los demás?

Somos como perritos descubriendo la nieve por primera vez e incapaces de contener nuestra emoción.

Ya tuvimos un ejemplo de una mala escucha antes, esa bendita carnicería. Sin embargo, era indignante y la mayoría de los ejemplos de una mala escucha son más sutiles y podrías ni siquiera darte cuenta de que son un problema. Podrían simplemente ser clasificados como "ineficaces".

Una escucha ineficaz:

Bob: escuché que esa carnicería es muy buena.
Johnson: oh, genial. ¿Dónde queda?
Bob: a unos diez minutos caminando.
Johnson: oh, ya veo. ¿Te conté de mi nueva sobrina?
Bob: no, no lo hiciste. Felicitaciones.

Johnson: es muy linda. Aquí tengo algunas fotos.

La razón por la que esto es una escucha ineficaz es porque Johnson apenas y habla de boca para afuera de los intereses de Bob antes de ser capaz de contenerse de hablar sobre su sobrina. Él no ve en sí la intención de Bob y lo corta en el medio para cambiar a su propio tema. Este es el tipo de mala escucha que nos encontramos de manera diaria. Es sutil, pero algunas veces igual de malo.

Esta sería la conversación con una mejor escucha:

Bob: escuché que esa carnicería es muy buena.
Johnson: Oh, genial. ¿Dónde queda?
Bob: a unos diez minutos caminando.
Johnson: oh, ya veo. ¿Quieres ir a verla?
Bob: Sí. ¿Quieres venir conmigo?
Johnson: Seguro. En el camino puedo mostrarte algunas fotos de mi nueva sobrina.

Ambas partes son capaces de introducir sus intenciones. La conversación que mejora las relaciones y hace que las personas se sientan de manera positiva entre sí involucra una interacción entre el silencio y el habla y ambas partes tienen una oportunidad igual de pasar al primer plano.

Colaborar es el nombre del juego, y esperar tu turno para hablar no aporta nada a una meta compartida, solo a la tuya.

Interrumpir, por supuesto, también está mal en la búsqueda de una mejor escucha. Interrumpir envía el mensaje de "sé que estás hablando, pero lo que tengo que decir es mucho más interesante para ambos" o "lo que estoy diciendo es más importante que lo que dices" o incluso, a un nivel más inconsciente, "soy más importante y digno de hablar que tú". Nuevamente, no es consciente, pero es lo que pasa cuando ponemos nuestros pensamientos y agendas sobre las de otras personas.

Podrías pensar que no es gran cosa, pero si sigues interrumpiendo, ese es precisamente el mensaje que envías. Tu compañero de conversación no sabe qué está pasando dentro de tu cabeza así que, ¿quién lo puede culpar por sentirse aislado si tus acciones no representan tus intenciones?

Aquí tienes un par de lineamientos para las interrupciones. Primero, no interrumpas a otros a menos que estés de acuerdo con ellos de manera tan enfática que puedes terminar sus oraciones. Segundo, si interrumpes por alguna razón, pregunta inmediatamente después de hablar qué era lo que estaban diciendo y tráelo de vuelta. Reconoce tu error y devuélveles rápidamente el foco. Algunas veces podemos interrumpir porque estábamos tan emocionados por la historia que tenías que ser parte de ella. Reconoce esto, y devuelve la conversación gallardamente, reiterando que realmente quieres escuchar lo que la otra persona está diciendo.

Tercero, trata de regirte por la regla de los dos segundos para controlarte. Luego de que alguien termine de hablar, haz una pausa por dos segundos enteros mientras contemplas lo que han dicho y demuestras externamente que estás analizando sus palabras. Entonces, solo entonces, puedes responder. Esto te fomentará el hábito de pensar antes de hablar y de dirigirte a la persona antes. Las conversaciones se sentirán menos aceleradas y menos forzadas.

También puedes trabajar el hábito de usar frases que animen a otros a seguir hablando. No siempre es suficiente callarse y asentir. Mirar fijamente a alguien hará que sienta que tienen que repetir y que su mensaje no llegó a donde debía. Tiene el mismo efecto que no escucharlos.

Tienes que demostrar que estás siguiendo mentalmente cada paso de la conversación, incluso si no lo estás. Usa tus expresiones faciales, cejas, gestos, y risas para señalar una reacción a cada una de sus declaraciones. Asiente cuando enfaticen un punto. Aquí tienes unas frases que fomentan la muestra de interés e inversión.

- Ajá.
- Ya veo.
- Eso es interesante.
- Cuéntame más.
- ¿Y luego?
- ¿Qué paso luego?
- ¿Y qué pasó con eso?

Si miras las conversaciones simplemente

como un ejercicio para ser escuchado y ponerle un foco a tu ego, estás perjudicando a todas las personas con las que tratas. No todo el mundo está tan interesado en tu vida como tú. Incluso si piensas que estás escuchando y haciendo suficiente silencio, hay una probabilidad de que sigas aferrado a tu tren de pensamiento inconscientemente y estás esperando la oportunidad para aseverarlo.

Para mejorar tus conversaciones y conectarte mejor, necesitas callarte un poco más. Y como dice un viejo dicho, no puedes aprender mientras hablas.

Aunque podría no parecer el caso al inicio, escuchar es de hecho una de las cosas más egoístas que puedes hacer, porque eres la persona que se beneficia y aprende. Aprendes más sobre las personas, pules tu habilidad conversacional, te ganas el cariño de otros... ¡y te liberas de tener que salir con cosas interesantes que decir todo el tiempo! Es una situación completamente ganar-ganar.

Para ver el simple poder de callarse un poco más, haz que la próxima conversación con un amigo trate de él o ella. Trata de descubrir un detalle de su día cada minuto. Esto significa que te callarás, los escucharás, reaccionarás acordemente y harás preguntas para profundizar el tema. Habla lo menos que puedas mientras reaccionas apropiadamente y mueves la conversación en la dirección que ellos quieren. Haz que sea un intercambio tan desnivelado como sea posible.

No los interrumpas, y trata de sacarles tantas historias como puedas. Nota lo dispuestos que están a hablar sobre ellos en detalle.

¿Esto es fácil o difícil para ti? ¿No se sintió natural preguntarles a las personas algo más de su día y enfocarte en ellos? Si fue así, ¡entonces solo necesitas practicar callándote un poco más! Aunque, quizás, te diste cuenta que al enfocarte en otros no quita el disfrute de la conversación, de hecho, incluso lo realza.

Por cierto, mucho de lo que hemos discutido en cuanto a la escucha hasta ahora es sobre cómo resistir tus tendencias egoístas para hacerte con el foco y compartir lo que te apetezca. Pero, si tienes esa tendencia, también la tendrá la otra persona frente a ti. Hazte a un lado y dales a *ellos* la oportunidad de ser egoístas en un esfuerzo por conseguir una mejor comunicación.

Piensa sobre cómo te sientes luego de dejar una conversación donde no compartes mucho. Probablemente te sientas desatendido, reprimido y como si hubiese sido una experiencia negativa porque no pudiste aportar tu opinión. Ahora imagina un escenario donde se te dio todo el espacio posible para tu uso y tuviste una audiencia cautiva. Saldrías sintiéndote bien porque fuiste capaz de articular la sutileza de tus pensamientos. Sabes lo bueno que se siente expresarte y explicarte, así que no le robes a otro la oportunidad de pasar por la misma experiencia.

Haz que las personas sientan que te importa el asunto y que ellos importan. Cederles a las personas el foco es algo totalmente diferente a hacer que las personas sepan que tienen el foco. Trátalos como si fueran las personas más interesantes del lugar y como si estuvieras realmente agradecido por saber más sobre ellos. Dalo por hecho, algunas personas podrían tomar ventaja de la oportunidad para hablar y procederán a entretener tus oídos. Pero, es más probable que, al dejar que otros hablen, profundices sus sentimientos positivos hacia ti y, eventualmente, cederán nuevamente el primer plano.

"Puedes hacer más amigos en dos meses al interesarte en otras personas que en dos años tratado que otras personas se interesen en ti". Dale Carnegie.

Haz mejores preguntas

Finalmente, cuando se trata de profundizar, hay una manera incuestionable de hacerlo: usando las preguntas como palas. Una pregunta es una herramienta poderosa que une muchos de los conceptos que hemos cubierto hasta ahora; una buena pregunta establece un gran tono, encuentra cosas en común, cautiva a las personas, mantiene las cosas en movimiento y muestra a otros que estás prestando atención.

Desafortunadamente, la mayoría de las preguntas que usamos no nos llevan a ningún lado. Son más como martillos y sierras, nada apropiadas para cavar más profundo. Algunas son formuladas perezosamente, lo que genera respuestas perezosas. Otras son simplemente confusas o divagantes y sin un objetivo claro. La mayoría no tienen la intención de ver debajo de la superficie para entender a las personas.

Las buenas preguntas ayudan a ambas partes a desarrollar una comunicación más profunda. Las preguntas bien formuladas pueden hacer que un respondedor encuentre nuevas maneras de pensar sobre su situación, lo cual fortalece la confianza y mantiene fresca la comunicación. Afortunadamente, hacer buenas preguntas es una práctica que está completamente a nuestro alcance.

Recuerda que al inicio de libro discutimos el estudio llevado a cabo en 1997 por el investigador Arthur Aron sobre las preguntas personales fomentando sentimientos de cercanía. Aunque las preguntas no eran ofensivamente intrusivas, eran más que una simple charla ("¿te gustaría ser famoso?, ¿cómo?". "¿Tienes una corazonada de cómo vas a morir?". "¿Cuál es tu peor recuerdo?". "¿Cómo es la relación con tu madre?").

Los hallazgos de Aron fueron claros: ir más profunda o intensamente en nuestras comunicaciones puede crear resultados positivos más rápido de lo que uno cree. Formular preguntas efectivas no es necesariamente un acto reflexivo que uno puede hacer en el camino. Para provocar respuestas más reveladoras que fomenten la profundidad y mejorar las relaciones íntimas, aquí hay seis estrategias que pueden ser de gran ayuda para indagar más y aprender más sobre las personas.

Estas definitivamente no son preguntas para una corta charla:

1. Haz preguntas con finales abiertos. Las preguntas que solo requieren un sí o no como respuesta usualmente no producirán nada más que eso. Si la pregunta no contiene una señal para que el respondedor elabore su respuesta, hay una gran posibilidad de que no lo haga.

Las preguntas con final abierto pueden encender discusiones y traer nuevos entendimientos reveladores que las preguntas binarias no fomentan. Por ejemplo, en lugar de preguntar "¿estás satisfecho con la relación con tu madre?" podrías preguntar "¿por qué la relación con tu madre es lo que es?, ¿cómo lograste que fuera así?".

Estos tipos de preguntas siempre buscan encontrar razones, historias, emociones y patrones de pensamiento. No están pidiendo una información simple en forma de hechos. Están buscando un análisis y la reacción antes y después del hecho.

2. *Respalda las suposiciones.* Todos operamos a través de nuestras propias experiencias personales, conocimiento y suposiciones, sabes lo que sabes. La buena comunicación involucra entender las creencias *de alguien más*. Cuando hablan sobre problemas que no te son familiares, les preguntamos lo que significan, lo que

creen o qué suposiciones llevan a la situación.

Las preguntas bien formuladas pueden servir como un puente en ese espacio: "¿cómo llegaste a esa conclusión?", ¿qué hace que esta situación sea diferente de una normal?", "¿qué te dio esta idea?", "¿cuál es la historia detrás de tu convicción?" Cuando sientas un espacio entre lo que tu compañero está diciendo y eso con lo que estás familiarizado, es momento de obtener claridad sobre eso en lo que están basando sus declaraciones.

Esta es una mentalidad primordial para aprender más sobre el mundo y las personas más allá de ti mismo. Después de todo, no puedes asumir que solo tus suposiciones y convicciones son razonables, las de todos lo son hasta cierto grado. Entonces, ¿qué es eso que te falta? Usa las preguntas para indagar y descubrirlo.

3. Consigue todos los lados de la historia. Existen un par de situaciones en la vida que no son complicadas, claras y simples, en blanco y negro. No importa lo fuerte que se sienta alguien sobre un punto de vista en particular, siempre hay más de un lado de una historia dada. Al obtener tanta información como sea posible sobre cierto tema, nos adentramos y entendemos más sobre la naturaleza completa de la situación, problema o evento.

A menudo este es el caso de no dejar fuera opiniones o creencias que podrían amenazarnos u ofendernos, lo que en estos días puede ser difícil de hacer. Pero, hacer una pregunta responsablemente ayudará a obtener una mejor imagen del contexto mayor de las cosas y nos permitirá entender los asuntos más allá de nuestra limitada visión. "¿Hay otra perspectiva de esta situación?", "¿qué cosas diría alguien que no está de acuerdo contigo?", ¿qué pasaría si alguien hiciera esto de otra forma?".

En general, que no te satisfaga haber obtenido absolutamente cada hecho de cierto asunto para hacer una suposición desinformada. Imagina que estás volteando una idea en tus manos, viéndola desde todos los lados. Con solo la pregunta correcta puedes revelar un aspecto oculto a lo aparentemente ordinario que está frente a ti.

4. Haz repreguntas. Cuando estamos tratando de acercarnos a alguien, muchas de las preguntas que podríamos hacerle no tienen respuestas sencillas. De hecho, si las estuviésemos escribiendo, probablemente serían preguntas de dos o tres partes con espacio para elaborar.

En las interacciones personales, podemos emular esa profundidad y mostrar la fuerza de nuestro enfoque al hacer repreguntas. Pero, no tiene que venir inmediatamente después de que tu compañero ha respondido. Un autor (yo) sugiere ver cuántas preguntas puedes hacer seguidas sin ofrecer ningún comentario propio, por lo que puedes permitirle a tu compañero que expanda su respuesta y se mantenga indagando más.

Alimenta cada pregunta con la respuesta a la pregunta anterior. Escoge un tema o idea y pídele a la otra persona que la expanda. ¿Pueden decir más sobre esto o aquello? ¿Pueden explicar lo que quieren decir con esta o esa palabra o expresión?

Es muy importante *no* sonar mucho como un reportero o interrogador al hacer repreguntas. En lugar de eso, trata de crear un enlace de las respuestas que te proporcionan con cosas que ya han discutido: "lo que acabas de mencionar sobre no entender completamente la tecnología de las computadoras me recuerda lo que dijiste sobre no conseguir buenas calificaciones en la escuela. ¿Eso se relaciona? O, "¿cómo crees que esa ruptura afecte tu visión de las relaciones?".

Las preguntas son mejores cuando no están pidiendo datos viejos y sosos, y requieren que la otra persona haga un poco de análisis, que interprete, que conecte dos ideas o compare otras. Las buenas repreguntas harán que suenes interesado en la respuesta de tu compañero, y que de hecho participas con el contenido como tal. Sí, podría tomar algo de tiempo que lleguen a las respuestas que ambos deben saber. Pero, eso es más tiempo invertido comunicándose.

5. Que no te moleste el "aire muerto." Las personas tienen un miedo atroz a los "silencios incómodos", esos momentos en la conversación donde hay una pausa significativa y nadie dice nada. Tendemos a malinterpretar estos silencios como una señal de que nosotros o nuestro compañero ya no tenemos nada que decir. Algunas veces es cierto. Pero, también algunas veces es alguien tratando de medirte buscando sutilmente el permiso para seguir hablando.

Por ende, el silencio puede funcionar a favor de la comunicación. Cuando no te molesta el silencio y no te apresuras a rellenarlo con un parloteo inútil, lograrás que las personas hablen más y más. Piensa en ellos como ver si los momentos de silencio pueden ayudarlos a generar sus propios y nuevos pensamientos y permitir que la conversación pase a un nivel más profundo. Si este es el caso, todo lo que tienes que hacer es mantenerte callado y dejar que lleven la conversación al siguiente nivel.

Esta es quizás la parte más sencilla de indagar; darle a las personas el espacio para que ellos mismos lo hagan en lugar de que se lo pidas. Claro que, algunas veces las personas están haciendo una pausa para medir tu reacción, o están esperando tu aprobación o respuesta. En este caso, haz algunos sonidos alentadores o di algo como "prosigue" y mira si tienen algo más que decir.

Por otro lado, si se ven incómodos, podría genuinamente ser el caso de una conversación que está muriendo. Ríete y trata de revivirla otra vez. ¡Algunas veces incluso las grandes conversaciones se atascan espontáneamente!

6. *Anima a tu compañero a inventar su propia percepción.* Los mejores tipos de sesiones de preguntas y respuestas no van en una sola dirección, con una persona proporcionando conocimiento e información a la otra. Siempre es mejor, y mucho más favorable para una buena comunicación, cuando *todos* están aprendiendo algo nuevo. Imagina que ambos están en un viaje de descubrimiento, ayudándose entre sí a descubrir una nueva percepción.

Las preguntas que fomentan el autodescubrimiento son, sin excepción, mucho más productivas que las preguntas que se originan desde un punto de vista específico. "¿Qué aprendiste de la experiencia navegando el río Amazonas? ¿Qué crees que aportó a tu vida?" O quizás, "¿qué te gustaría decirle a tu padre si estuviese vivo?".

Como todas las preguntas, aquellas que promueven el autodescubrimiento deben ser consideradas cuidadosamente. Nunca querrás sonar como si estuvieses en una investigación y es fácil caer en esa trampa sin siquiera intentarlo. Especialmente con las relaciones interpersonales, tienes que dar en el clavo de ese balance de obtener información mientras eres comprensivo. Si eso te da la impresión de ser demasiado complaciente con los sentimientos de alguien, bueno, entonces quizás las relaciones no son lo tuyo.

Afortunadamente, ir más allá no significa necesariamente tener que ser directo y preguntar "¿cuál es tu fantasía más profunda y tu sueño más salvaje?". Incluso las técnicas que acabamos de discutir sobre hacer preguntas no son siempre tan aplicables o útiles.

Por más importante que sea ese paso, puede ser agotador. También puede ser *exhaustivo*, teóricamente, una vez que has hablado sobre los eventos y temas pertinentes solo a tu vida, te quedarás sin cosas que descubrir sobre ti mismo y la otra persona. Solo hay una cantidad limitada de bailes de graduación, argumentos con los padres, escenarios de trabajos complicados y reuniones familiares de los que serás parte en una vida. En el peor de los casos, se convertirá en una entrevista de trabajo desviada.

Estamos, por supuesto, generalmente dispuestos a hablar sobre nosotros y las cosas que hemos experimentado o compartido directamente. Pero, hay una cantidad considerable de conocimiendo a ser obtenido al discutir temas y eventos externos a tu vida. El autor Daniel Menaker llama directamente este acercamiento "llevar la conversación a terceras cosas; ni yo ni ellos sino algo más". No se trata de ti o de la otra persona en particular. Es sobre algo externo, algo tan benigno como las noticias del día o los tipos de helecho que te rodean. Puedes llamarle a esto una charla mejorada.

Hablar sobre estos temas externos sirve como una incursión para descubrir cómo piensa alguien y lo que valoran. Todo esto requiere que preguntes cómo se sienten las personas o cómo reaccionarían a ciertos eventos, cosas o situaciones.

Si le preguntas directamente a alguien detalles personales sobre ellos mismos, sus respuestas a menudo son chatas o inadecuadas. Imagina a alguien (que no sea un terapeuta) preguntando "¿en qué crees?" o diciendo algo como "háblame de cuando te sientes enojado". En adición al hecho de que suenan a preguntas simplemente erróneas, es poco probable que obtengan respuestas muy coherentes. Algunos podrían sentir que las preguntas son un poco intrusivas o indiscretas, especialmente en las primeras etapas de la amistad o interacción.

Cuando pones sobre la mesa cosas que están pasando en el mundo, de hecho *consigues* respuestas a esas preguntas a través de las reacciones de otros a esas situaciones externas. Sus opiniones y valoraciones ofrecen pistas de cómo son realmente sin sentirse en el acto o incómodos. Discutir cosas externas puede ayudarte a obtener una imagen completa de lo que forma la persona con quien estás, y esto es excepcionalmente útil porque no hay límite sobre lo que pueden hablar. Para un ejemplo de un tipo de información más profunda que puedes deducir indirectamente, considera preguntar lo siguiente a alguien: "¿dónde lees las noticias?, ¿qué tipo de publicaciones lees la mayor parte del tiempo?"

Es una pregunta inocente y es algo externo. Pero, aun así, puedes aprender mucho sobre la preferencia, valores y visión general del mundo de alguien al saber su fuente de referencia y puntos de vista preferidos. Esto es útil mucho más allá que cualquier objetivo político. Entiendes inmediatamente cómo a alguien le gusta ver el mundo cuando sabes que medios tienden a consumir.

En lugar de escarbar directamente, lo que a menudo es poco atractivo o incómodo, puedes obtener una perspectiva más profunda al medir las reacciones de las personas a cosas externas. A menudo conseguirás una respuesta más honesta y aprenderás más sobre ellos en el proceso.

Hacer preguntas: no solo aleja tu responsabilidad de hablar todo el tiempo y te ayuda a encontrar cosas en común con tu compañero de conversación, sino que también hace que la otra persona sienta que le importas. Hacer una pregunta los ayuda a ver que sus opiniones y experiencias son importantes para ti, lo que los hace sentir importantes. La salsa secreta es sencilla: simplemente haz preguntas y presta atención a las respuestas de las personas.

Enseñanza:

- Ve más allá, sé mejor. Esto es sobre cómo podemos formar parte del tipo de interacción que sabemos es más beneficioso para nuestra felicidad y bienestar mental. ¿Cómo podemos

caerle bien a alguien y dejar que se sientan lo suficientemente bien a nuestro alrededor para bajar la guardia y crear una relación como tal?
- La manera más obvia de hacer que las personas bajen la guardia es ofreciéndoles elogios al inicio y luego frecuentemente. Los elogios son positivos en general, pero hay elogios específicos que realmente impactan al receptor. Debes buscar elogiar cosas sobre las cuales las personas han tomado una decisión consciente, cosas que reflejan su proceso de pensamiento. Esto les otorga validación de una manera en la que no lo hace un simple elogio a sus ojos. Estos tipos de elogios les dicen sutilmente a otros que estás de acuerdo con ellos a niveles profundos, y pueden sentirse genial porque han tomado un conjunto correcto de decisiones.
- Algunas veces las personas bajarán su guardia sin siquiera tener la intención si encuentran un oído que esté dispuesto a escuchar atentamente y que les permita expresas sus más íntimos pensamientos. Escuchar es una habilidad que debería

enseñarse desde la infancia, pero no es así, así que nos quedamos con un montón de hábitos de escucha infectivos. También somos naturalmente egocéntricos, lo que resalta la importancia de escuchar como una habilidad para hacer que otros se sientan bien sobre una interacción. Aunque existen varios métodos para escuchar mejor, tener una mentalidad de buen oyente es por lejos la parte más importante: no se trata de ti, enfócate en la otra persona, y si dicen algo hay una razón para eso; explora esa razón.

- Claro que, la manera comprobada de profundizar directamente con las personas es haciendo mejores preguntas. La simple verdad es que la mayoría de las preguntas que usamos están a un nivel superficial y por ende solo nos devuelven una respuesta igual de superficial. Aquí tienes un par de lineamientos para preguntas más perspicaces que crearán un suelo más fértil para el verdadero material: haz preguntas con finales abiertos (no preguntes por hechos, pregunta por el análisis y la reacción asociada con los hechos), ve más allá de las suposiciones (¿qué te falta en tu propio análisis?), consigue todos los lados de la historia (mientras más perspectivas, mejor), usa repreguntas (no interpongas tus pensamientos), que no te moleste el aire muerto y de hecho úsalo como tu ventaja, y anima a las personas a crear su propia convicción (¿cómo eso cambió tu opinión de las cosas?".

Capítulo 6. Mirando hacia adentro

Jeffrey usualmente tiene mucho que decir. Él lee las noticias cada mañana y siempre parece estar consumiendo medios cada vez que tiene tiempo libre. Él evita sitios de chisme y los reality shows, pero generalmente aprende un par de hechos cada día. No es sorpresa que pueda conectarse y relacionarse con las personas sobre prácticamente cualquier tema que surja.

Además, es capaz de ofrecer sus perspectivas sobre el tema. Es lo máximo hablar con Jeffrey porque siempre parece estar en la misma página y, si no lo está,

está dispuesto a ser curioso y aprender.

Otras personas podrían simplemente dar respuestas de una palabra y no proporcionan conocimiento o análisis alguno. Las personas como Mike, por ejemplo, que tienen un rango muy reducido de intereses. Mike no lee mucho si se mantiene al tanto de los eventos actuales, si es honesto, cree que los pasatiempos que no son los suyos son irrelevantes o un poco aburridos. A Mike realmente no le gusta hablar con personas con las que no está de acuerdo, no ha viajado mucho y puede ponerse un poco discutidor con las personas que son muy diferentes a él.

Tú puedes ser Jeffrey o puedes ser Mike. ¿Cuál es la diferencia? Jeffrey es un conversador fabuloso debido a su habilidad para discutir opiniones y perspectivas diferentes. No solo está actuando, es genuinamente una persona curiosa con hambre de conocimiento, información y diversos puntos de vista. Se ha expuesto intencionalmente a una mayor parte del mundo y mientras más aprende, siente que sabe menos.

Mike, por otro lado, realmente no disfruta de otras perspectivas, ideas diferentes o información nueva; en otras palabras, es terrible para conversar y socializar en general. Mike y Jeffrey prueban algo simple: las personas con mucho *interés* a menudo son *interesantes.* En otras palabras, las personas que tratan activamente con la vida siempre van a a) ser más interesante y b) encontrar a otras personas interesantes.

Conviértete en una persona con muchas experiencias y mucho por decir. Una manera más sucinta de poner esto es que debes convertirte en el tipo de persona que te gustaría conocer. Prefieres a alguien que practique el paracaidismo activamente a alguien que pase todo el día viendo televisión. Prefieres a alguien que pueda enseñarte algo sobre un tema muy interesante. Prefieres a alguien que tenga pasión y opiniones sobre un amplio rango de temas. ¿Eres esta persona?

Es fácil pensar sobre otras personas en

términos de lo que aportan a la mesa de conversación, pero qué hay de *ti*, ¿estás cultivando el tipo de personalidad que hace que otras personas se emocionen e interesen en conversar contigo? Esta pregunta es más pronunciada cuando consideras diferentes actitudes de personas para una cita. Algunos están enfocados en si les gusta la persona que tienen en frente, ¡sin dedicar un pensamiento para ver si están haciendo lo que pueden para ser agradables!

Podríamos darnos cuenta que, al tratar de crear nuestro currículo de conversación, está sospechosamente vacío o desprovisto de algo interesante. Podríamos darnos cuenta que cuando otros comparten sus nuevos descubrimientos, tenemos literalmente nada que aportar. ¿Podría estar esto detrás de tu apagada charla?

Por consiguiente, la primera lección de este capítulo se enfoca en ver hacia adentro y volverse alguien con quien sea difícil *no* tener una envolvente conversación. Aunque todas las técnicas en este libro son efectivas y útiles, si eres ese tipo de persona con mucho para compartir e interactuar, naturalmente te superpondrás con ellas bastante.

Constrúyete

Las personas con quien vale la persona conversar buscan activamente lo que quieren. Sentarse en casa 24/7 o siempre hablar de las mismas cosas no te hará alguien interesante. De hecho, te hace ver como si no pasara nada en tu vida, y esa podría ser una evaluación precisa. Todo el mundo tiene sus experiencias del día a día que no quieren discutir de nuevo con otros. Probablemente cuando las personas te preguntan qué has estado haciendo, no quieren escucharte decir "trabajar".

Podrían reír o algo, pero la conversación se detiene allí porque saben que cualquier otro detalle de ti probablemente será aburrido. Pero, imagina cómo podrías dirigir la conversación hacia giros estrafalarios y si dijeras algo más, algo como "me lancé en paracaídas. ¡Fue súper estimulante lanzarse a catorce mil pies de altura! ¡Mi paracaídas casi no se despliega, pero al final lo hizo! ¡Uf!"

Imagina las preguntas y comentarios que tendría la gente, pero el punto aquí es que te importó lo suficiente para tomar la iniciativa y perseguir uno de tus intereses, no que estás alardeando sobre algo que hiciste. El punto es que saliste y seguiste una pasión o interés. Eso es un rasgo digno y resulta en más participación y que las personas tomen interés en *ti*. Si alguien preguntara sobre tu fin de semana y tu honesta respuesta provoca ese tipo de reacción en las personas, entonces estás en el camino correcto.

Quizás saltar de un avión no es lo tuyo, eso también está bien. Solo tienes que encontrar cosas en las que tengas un interés y dar un paso al frente y saciar ese interés. Después puedes impartir conocimientos nuevos a las personas, o podrías encontrar personas que compartan el mismo pasatiempo y quieran unirse a ti en el futuro.

Mientras más intereses tengas, más interesante te vuelves. Cuando estás absorto, estás absorto. Estos proverbios no solo suenan sabios; suenan sinceros. Las personas toman un interés en aquellos que hacen cosas valiosas con sus vidas. También es más probable que encuentres a alguien que comparta uno o más de tus pasatiempos. Si solo tienes un pasatiempo, las personas te hallarán aburrido rápidamente porque la probabilidad de que compartan ese solo interés es en cierto modo escaso y porque ofreces poco de qué hablar.

Imagina si de lo único que hablaras fuera sobre coleccionar figuras de acción de Star Wars. Más allá del fanático ocasional que también comparte tu pasatiempo, la mayoría de las personas no podrá relacionarse y tu conversación no les parecerá muy interesante. Gustarán menos de ti y te evitarán cuando se den cuenta que de lo único que hablas es de tu impecable muñeco de Darh Vader de los 70, y por eso no pueden relacionarse contigo en ningún nivel ni pueden encontrar cosas que discutir contigo que a ellos les importe.

Pero, si también estás en el mundo de la pintura, puedes encontrar más personas que disfruten eso y puedes atraer una demografía mayor de personas porque no solo tienes ese raro pasatiempo que unos pocos comparten contigo. Simplemente estás incrementando la superficie de tu área como alguien interesante.

Todo esto lleva a la idea de que debes evitar ser unidimensional. Evita tener una vida tan estrecha a la que las personas encuentren difícil conectarse o entender siquiera. Una vez tuve un jefe cuyo único interés, objetivo y pasión en la vida eran los deportes. Solo eso. El tipo no podía llevar una conversación como una persona normal a menos que el tema estuviese relacionado con deportes. O si la conversación no era sobre deportes, se salía con la suya para asegurarse de llevarlo lentamente a ese tema.

Esto desalentaba a las personas a quienes

no le gustaba o no le importaba el tema de los deportes. También evitó que se involucrara en conversaciones que no trataban sobre deportes, lo cual limitó lo que podía hablar o con quien lo podía hablar. La mayoría de las personas se sintió irritada por él e incluso las personas a quienes les gustaba el deporte encontraron este extremismo odioso, molesto y repelente. Evita ser como mi jefe.

Siempre trata de tener algo en lo que estés trabajando, un proyecto en tu tiempo libre que no esté relacionado con el trabajo ni con el consumo pasivo de medios a través de algún tipo de pantalla. No tienes que poner la barra en amor y pasión, sino en simplemente investigar en lo que estés interesado. Cuando activamente esperas con ansias algo, es difícil no expresar algo de esa emoción a otros.

Disfrutarás más la vida, aprenderás bastante, y tendrás más de qué hablar. Otros querrán hablar sobre tu proyecto y harán preguntas al respecto. Tu nuevo empeño podría también exponerte a nuevas personas que comparten esta pasión, permitiéndote ampliar tus horizontes sociales.

En la película *Sí señor*, Jim Carrey es forzado a comenzar a decirle que sí a todo, literalmente todo. Como resultado, su vida es transformada y tiene muchas experiencias inolvidables que nunca habría tenido de otro modo. Conoce el amor de su vida, se va en muchas aventuras y otras cosas. Bueno, debes ser un poco como este personaje y fomentar el hábito de simplemente decir que sí y nunca que no.

Deja de pensar demasiado las cosas y darte excusas para decir que no. Ni siquiera necesitas una razón para decir que sí, así que decir que sí debería ser fácil y automático para ti. Simplemente pregúntate "¿por qué no?", para romper con eso de pensar demasiado y acepta esa nueva experiencia. No fijes expectativas para lo que pase. Solo sé curioso sobre lo que acontecerá y mantén una mente abierta.

Recuerda, para nuestros objetivos, en serio

te estás convirtiendo en un conversador interesante si tienes estas experiencias en tu bolsillo. Tiene que ser *genuino*.

Diversifícate

Nunca olvidaré a un niño que se sentó a mi lado en mi viejo trabajo y preguntó, "¿sabías que los elefantes temen a las abejas?". (Luego descubrí que esto era verdad). El mismo concepto entra en juego en cualquier conversación o interacción con alguien nuevo. No tienes que conocer y aprender más por el bien de sorprender a las personas con hechos necesariamente, pero es indudablemente beneficioso para cómo las personas te ven. Mientras más sabes, puedes hablar sobre más cosas, ergo, más maneras en la que puedes conectarte.

Mientras que el punto anterior era sobre hacer más, esta idea enfatiza educarte más, ganando conocimiento proactivamente en lugar de depender de que llegue a ti de manera pasiva.

Y no solo se trata de hechos divertidos o de

animales, se trata de perspectivas, entendimientos más profundos en un rango de temas interesantes y relevantes. Sé más leído. Estarías sorprendido de lo que puedes aprender leyendo libros o incluso periódicos cinco minutos al día. Ser capaz de explicar cómo funcionan las cosas, cómo se relacionan las cosas entre sí, o que fenómenos únicos iluminan otros y los hacen más interesantes.

Cuando otros hablen, puedes escuchar y ofrecer una perspectiva fresca o de soporte, o conectar su idea a la tuya. Ambos pueden dejar la interacción sintiéndose enriquecidos. Aunque, si tienes poco que decir, eso significa que necesitas participar más y ganar perspectiva fuera de tu existencia diaria. (Aquí recordamos las virtudes de escuchar otra vez…).

Mientras más tengas para hablar, mejor. Esto no significa que deberías estar comenzando una conversación pasando a través de un montón de temas, uno tras otro, sino que mientras más conocedor seas sobre diferentes cosas, mejores serán las probabilidades de que tú y tu compañero de conversación se conecten y estén de acuerdo sobre algo.

Quieres apuntar a la amplitud y tocar brevemente muchos temas, opuesto a indagar en un solo tema. El acto de saber es más que simplemente ser interesante, hace que la conversación contigo sea fácil y, a menudo, un placer. Te permite enseñar, instruir, iluminar, liderar y siempre tener algo interesante que decir.

Desarrolla y comparte opiniones, incluso si tienes que comenzar repitiendo las opiniones de otros. A las personas les encanta discutir sus perspectivas. Incluso si no estás de acuerdo con alguien, la conversación fluye. Sin una opinión, la conversación se estanca y muere.

Una opinión muestra que estás interesado, que has tomado algún tipo de decisión basado en los hechos que tienes y que eres activo al pensar sobre el mundo como un todo. Solo imagina lo frustrante que es preguntar a alguien dónde quieren cenar, pero nunca tienen una respuesta. No seas esa persona.

Imagina esto. Traer el Brexit a la mesa y esperas que la otra persona tenga una respuesta sobre el asunto. Pero, la otra persona no tiene nada que decir. Encogiendo los brazos, todo lo que dice es "ah sí, he escuchado sobre eso". Su falta de una opinión donde esperas una, congela la conversación. No hay nada más de que hablar, ya que el tema fue silenciado y no quieres traer un nuevo tema porque tienes miedo de que también lo despache. Estarías mucho más interesado si conocieras a alguien con una opinión clara del Brexit y capaz de discutirlo contigo. Una falta de opinión simplemente hace que parezca que no piensas las cosas.

Por otro lado, imagina que estás hablando con alguien y surge el tema del Brexit y, de repente, la otra persona se lanza en una diatriba sobre su (muy fuerte) opinión, más o menos predicando sobre por qué ellos están bien y los demás están mal. Cuando preguntas algo o no estás de acuerdo con algo, eres descartado o "educado" sobre la manera correcta de pensar.

Los buenos conversadores saben que es mejor usar opiniones para llevar la conversación y conexión, en lugar de cerrarla o crear división. No tienen miedo al desacuerdo o diferencia; en lugar de eso, exploran la conversación con una curiosidad genuina. En otras palabras, tener una opinión per se no es suficiente, debes ser tolerante, flexible y capaz de escuchar las opiniones de otros también.

No todo el mundo tiene montones de experiencias en la vida o exposición a las noticias. Pero, todo el mundo tiene la habilidad de ser curioso sobre nuevas cosas y el deseo de aprender. Tener la curiosidad para que te importen otras personas y las cosas nuevas hará que otros quieran hablar contigo, explicarte cosas o enseñarte nuevas ideas. Cada conversación es una oportunidad para aprender algo nuevo, si tienes la mentalidad correcta.

La curiosidad intelectual te fuerza a

explorar el mundo, tanto lo que está justo a la vuelta de la esquina como el mundo lejos de ti que requiere un vuelo de dieciséis horas o más antes de ser explorado. No tienes que volar a otro país para aprender un idioma nuevo, conocer nuevas personas o comer comida exótica. Desde casa, puedes ampliar tus horizontes, ser más activo en el mundo a tu alrededor y por consiguiente volverte más interesante. Todo lo que tienes que hacer es dar el primer paso y aprender. Lleva esta actitud a tus conversaciones y no podrás evitar ser una gran persona con la cual hablar.

Al mismo tiempo, debe decirse que hacer más y saber más no es una panacea.

Podrías ser la persona más interesante del mundo, pero a nadie le importará si participas en hábitos conversacionales que, por falta de una mejor palabra, *repugnan* a la gente. Ciertamente, como podrías haberlo visto en tu vida diaria, algunas veces es una ganancia neta total si no tienes que lidiar con personas que te sacan la piedra, sin importar el beneficio que representen. No es una exageración proponer que preferirías por mucho a un alguien pusilánime pero nada irritante ni frustrante.

En otras palabras, aparentar ser benigno y nada molesto probablemente te hará un mejor conversador que alguien que de hecho es interesante, pero tiene frustrantes hábitos interpersonales. Afortunadamente, hemos aprendido un gran número de tácticas conversacionales para que seas atrayente y cautivador; ahora vamos a asegurarnos de que no estás exhibiendo hábitos y comportamientos tóxicos. Estos incluyen:

Ver en blanco y negro

Puesto de otro modo, solo ves *una* forma correcta de hacer las cosas, y todo lo que difiera de esa visión está mal. Y la forma correcta curiosamente es tu visión. ¿Qué significa eso? Bueno, si estás en lo correcto y ya lo sabes todo, no tiene sentido hablar con alguien para descubrir algo nuevo, ¿cierto?

Esta es una gran advertencia al credo de la sección anterior de diversificarse y desarrollar más opiniones y pensamientos sobre las cosas. Eso sigue sonando sincero, pero debes expresarte mientras respetas y honras la perspectiva de otras personas. Sobre todo, no hagas que se sientan juzgados, atacados o inferiores cuando te expresas. No es solo un consejo para charlas y conversaciones, es una lección de vida.

Si solo ves una forma de hacer las cosas, si estás constantemente gobernado por "tiene que ser" y "debe ser" y si típicamente asumes que las personas son "estúpidas" o "ciegas", entonces usted, señor o señora, es un criticón o criticona. Cuando eres un criticón, esto significa que saltas a una conclusión, y casi siempre es una negativa, sin tomar en cuenta las circunstancias de la vida, opiniones y preferencias. Asumes lo peor, usualmente, basado solamente en tu limitada perspectiva y experiencia de vida y lo impones sobre las personas (tiene que ser y debe ser). Si no se conforman, entonces repentinamente obtienen el título de "estúpidos" o "ciegos".

Ser un criticón no es tan malo realmente. Cuando nuestro juicio interno es alertado, somos capaces de tomar decisiones claras en situaciones potencialmente peligrosas. Ser criticón también nos ayuda a ser creativos, más listos y conocedores. Pero, para la mayoría de nosotros, es una línea bastante fina y podemos fácilmente estar al borde de un territorio ofensivo.

Fuera de solo un par de contextos, ser criticón tiene muy poco uso para nosotros (definitivamente es perjudicial en el contexto social). ¿Cuál de las siguientes opciones aplica para ti?

- No puedes ver a las personas más allá de sus defectos percibidos.
- Luchas para ver lo positivo en otros.
- Saltas a conclusiones primero, analizas luego (si es que lo haces).
- No piensas en términos de ambigüedad o escala de grises; solo existe el blanco y negro.
- Eres intolerante a las personas que llegan a conclusiones diferentes a las tuyas.

Sea que estés haciendo esto para expresarte, o descartar las opiniones y pensamientos de otros, este tipo de comportamiento puede ser bastante hiriente y dañino para otros. Podrías pensar que eres de mente abierta, pero si solo tienes criticismo y críticas de otros, probablemente no lo eres. Tu mentalidad será reflejada en la manera en que participes socialmente. Lo que no quieres es tratar la conversación como meras oportunidades para probar que tienes razón, para alardear, para ganar argumentos, para presumir o sentirte superior. Criticar es lo opuesto a la curiosidad abierta y a la jocosidad. Esto reduce nuestra percepción, cierra nuestra compasión y se mete en el camino de nuestra creatividad. Y más que eso, ¡es sumamente aburrido!

Así como no querrías ser puesto en una caja al momento de hablar con las personas, otros no quieren responder muy bien al sentirse como si estuviesen siendo juzgados. Este es un hábito difícil de romper porque las opiniones se pueden volver personal fácilmente. Cuando actúas de esta manera, tiendes a ofender a las personas y hacer que sientan que no pueden expresarse a tu alrededor.

Tristemente, algunas personas excesivamente combativas en serio piensan que la vida de trata de encontrar la respuesta correcta, aferrándose a ella para siempre, y golpeando a otras personas en la cabeza cuando están "equivocadas". En resumen, te conviertes en un miembro completamente desarrollado y partidario con medalla de la *Policía de Creencias. ¡Abre la puerta! ¡Estás equivocado sobre algo!* Un policía de creencias hace que su tarea sea hacerle saber a otras personas que están equivocadas, y asegurarse de que piensen de la misma manera que ellos.

Un policía de creencias podría ser muy efectivo para imponer sus creencias sobre otros, pero este hábito te convertirá en alguien sumamente odioso con quien hablar. ¿Quién quiere pasar tiempo con alguien que te hace sentir juzgado, atacado y te pone a la defensiva? Así que las personas dejan de abrirse y eventualmente te evitarán completamente. Poco a poco, esto se agregará a un sentido de inquietud e incomodidad alrededor de ti y, en ese punto, las personas comenzarán a evitarte.

Hay una pequeña probabilidad de que puedan estar de acuerdo con algunas de las cosas negativas que estás diciendo, pero eso seguirá sin hacerlos sentir seguros a tu alrededor. Eventualmente, solo te evitarán para esquivar ese sentimiento de tener que autocensurarse.

Ser un policía de creencias causa que pasemos demasiado tiempo discutiendo por cosas solo porque sentimos que la otra persona cree o piensa algo diferente que nosotros y debe ser corregido. Pero, ¿a qué costo? Y al final, ¿realmente importa? Los terapeutas de parejas a menudo les preguntan a las personas: ¿quieren tener la razón o quieren ser felices? Suena dramático, pero es bastante cierto, creo. ¿Importa si estás "técnicamente en lo correcto" sobre algo, pero te has distanciado de todos tus amigos para probar ese punto?

Esto es especialmente cierto cuando se trata de asuntos de gusto y opinión. Son completamente subjetivos. Lo que se ve bien para ti podría ser completamente feo para otra persona. No convencerás a nadie para que le guste el chocolate más de lo que ya o que disfruten la remolacha si la odian, así que es realmente una pérdida de tu tiempo, una pérdida extremadamente molesta, ejercer tu energía tratando de convencerlos.

Si sientes que alguien está haciendo algo mal, o pensando algo mal, en lugar de suponer eso, da un paso atrás y pregúntate si simplemente no tienes suficiente información. Si alguien tiene una opinión, respeta que tiene una base razonable para esa opinión. Después de todo, nadie piensa que sus propias decisiones y pensamientos son estúpidos. Haz preguntas sobre cómo se les ocurrió esa idea y qué información y suposiciones sostienen.

Incluso podrías aprender algo nuevo. Por ejemplo, si alguien se estaciona justo en un puesto de estacionamiento que claramente estabas esperando, podrías ser tentado a pensar que es una persona desconsiderada y ruda. Sin embargo, imagina que la persona se tropieza saliendo del auto y cae al suelo, gritando que está teniendo un paro cardíaco. ¿Podría cambiar tu evaluación de la situación, aunque sea un poco?

Probablemente has hecho algunas cosas que otros podrían considerar algo bizarro, pero había una razón perfectamente racional para tus acciones, ¿cierto? Estoy seguro de que hubieses preferido que las personas trataran de entender mejor tu posición en lugar de saltar y discutir contigo.

Extiende la cortesía de esa suposición a otros. Dale a las personas el beneficio de la duda. Al menos asume que tienen un respaldo razonable para sus opiniones y creencias. ¿Qué experiencias han tenido en su vida que puedan explicar por qué sostienen una posición tan contraria a la tuya? Recuerda que las personas tienen sus propias razones para opiniones y creencias y que no todo el mundo piensa del modo en que tú lo haces. Puedes reconocer esto o no.

Llevando esto incluso más lejos, ¿qué tal si indagas más en las opiniones, creencias y gustos de alguien más y te das cuenta de que no puedes discutir o entenderlo? Seamos honestos, probablemente te has encontrado a alguien con una opinión que ha hecho que te rasques la cabeza, por decir lo mínimo. Esta es la cosa: un gran conversador siempre puede encontrar *algo* en común, puede ser respetuoso, alegre, curioso y amable... sin estar de acuerdo en lo mínimo con su compañero de conversación. Todo se trata de priorizar la agradable conexión humana sobre la necesidad de estar de acuerdo o tener la razón.

Con suerte, esta es una mentalidad que te llevará a un tipo más natural de curiosidad sobre otros, por lo menos para ver las piezas de información que te faltan. Si puedes modelar una actitud madura y tolerante incluso con aquellos con quienes tienes fricción, podrías incluso desarrollar un tipo más fuerte de conexión con ellos. Es algo muy impresionante y atractivo ser capaz de pasar tiempo con alguien y decir, "mira, no estamos de acuerdo, pero, ¿qué importa?" Cuéntame más sobre esto y aquello".

Si todo lo demás falla, trata de reconocer que todos están haciendo lo mejor que pueden, de la manera más inteligente que pueden, y de la forma más agradable que pueden, con las circunstancias con las que tuvieron que lidiar. Es solo cuando sentimos que las personas no están haciendo lo mejor o esforzándose, que surgen nuestros instintos críticos. Si en lugar de eso tomamos la perspectiva de que todo el mundo está haciendo su mejor esfuerzo, de repente las cosas cambian.

En general, escoge tus batallas y no te preocupes por los pequeños detalles de lo que no puedes cambiar. Nunca estarás más feliz y menos estresado, y te percatarás de una correlación directa y positiva entra eso y la calidad de tus amistadas e interacciones.

Enseñanza:

- Este libro está repleto de consejos y trucos para hacer que las charlas sean menos penosas y para que fluyan mejor. Casi todo ha sido externamente enfocado en la otra persona, en la interacción, y en lo que puedes decir para mejorar tus intercambios sociales. Aunque esto es a final de cuentas la parte más importante, queda una parte vital de la ecuación para el final: mirar hacia adentro de ti mismo. Desde la perspectiva de otros, ¿eres alguien con quién es fácil charlar? ¿Eres alguien que llena de energía y hace que a las personas les de curiosidad? ¿O eres un drenaje para su preciosa energía? Tenemos que asegurarnos de que nuestro aporte es proporcional al tipo de resultado que queremos.

- Constrúyete y ellos vendrán. No realmente, pero el punto es verte a ti mismo de verdad y preguntar lo que es interesante. ¿Qué estás haciendo realmente con tu vida? ¿Eres el tipo de personas que a otros les gustaría conocer para interactuar? Si es así, entonces mejor que tu currículo de conversación lo demuestre. Si no, entonces es tiempo de tomar acción y construirte. Sigue lo que te interesa, participa activamente en la vida y encuentra pasiones y pasatiempos. ¿Preferirías conocer a alguien que surfea y bucea de manera recreacional o a alguien que pasa los fines de semana viendo televisión? *Mientras más intereses tengas, más interesante te vuelves. Cuando estás absorto, estás absorto.*

- En el mismo contexto, conocer más, leer más, exponerte a más y pensar más. Deja de depender en que la información llegará a ti de forma pasiva; aprende de manera proactiva sobre lo que te interese. Mantén una curiosidad intelectual. Desarrolla opiniones al pensar a través de perspectivas diferentes, conviértete en un conocedor en general. Estos dos puntos te hacen el tipo de personas con las que una conversación fluida ocurre de manera natural y no tiene que ser fabricada.
- Con eso dicho, podrías ser la persona más interesante del mundo y a nadie le importará si tienes uno de los hábitos sociales más repugnantes: ser un criticón. Esto es cuando solo ves en blanco y negro y todo el mundo entra en

dos categorías: tu perspectiva o la equivocada. Eres un miembro de la policía de creencias. Puedes apostar que eso es molesto y frustrante para otros, al punto de que eventualmente los llevará a sentirse inseguros a tu alrededor y te evitarán por completo. Cuando sientas la necesidad de juzgar, trata de tomar la perspectiva de que te falta información para hacer un juicio inteligente y sé curioso sobre otros y sobre lo que te falta. Si todo lo demás falla, asume que todo el mundo está simplemente haciendo lo mejor que puede con lo que tiene.

Guía de enseñanzas

Capítulo 1. Bah, las charlas

- Somos una especie social y múltiples estudios lo confirman. La falta de una interacción social como tal es dañina y, para nuestros objetivos, la falta de una interacción social *sustancial* no es mejor. Obtener la habilidad y el talento para adelantarse en una charla tiene un valor increíble para las relaciones antiguas y futuras de tu vida. Sin embargo, antes de que saltemos a las tácticas de conversación, es útil comenzar con el momento antes de conocer y saludar a alguien como tal. ¿Cómo podemos prepararnos de antemano para tener charlas e interacciones geniales consistentemente? De muchas maneras de hecho.
- Existe un par de maneras en las que podemos prepararnos para las charlas y calentar, por así decirlo. Los dos acercamientos son lo que podrías

asumir: fisiológicamente y psicológicamente. La preparación psicológica es un asunto de ponerte de ánimos para socializar y también acostumbrarte a iniciar la interacción. Esto puede ser logrado con las "relaciones de diez segundos", las cuales te sumergen en el objetivo, aunque sea por un momento. La idea es comenzar poco a poco, con bajas expectativas, y partir de allí. Eventualmente, verás que es fácil y bastante seguro, podrías incluso encontrarlo agradable y frecuentemente querrás extenderte más allá de los diez segundos.

- Físicamente, debes buscar un calentamiento leyendo en voz alta antes de socializar y asegurándote de exagerar la expresividad y variación emocional. Lee un pasaje en voz alta tres veces y nota la diferencia en cómo lo abordas y podrás ver instantáneamente el contraste con la manera en que eres percibido. Debes actuar como un profesor leyéndole a niños en la escuela, y repasando toda la gama de emociones, expresiones y voces. Ve más allá. Esto es para que hagas un calentamiento, así como para que te percates de la falta de expresividad que probablemente posees normalmente.

- Una manera adicional de prepararte antes de las conversaciones es poner tu propia información y vida en orden y esto puede ser logrado haciendo un currículo de conversación. El objetivo es indagar en tu pasado y encontrar lo que te hace una persona interesante y asegurarte de que todo lo tienes en la punta de la lengua para un fácil uso. A menudo olvidamos lo que podemos aportar a una conversación y esta falta de temas disponibles añade sentido de estrés y evitación.
- Todos odiamos las charlas, pero esta tiene su rol. Conocer a alguien ocurre de una manera secuencial y no podemos saltarnos los pasos si queremos ir más allá. Puede decirse que existen cuatro etapas para una interacción, y una charla es la primera etapa, seguida de la divulgación de hechos, la divulgación de opiniones y luego le divulgación de emociones. Se puede jugar con la secuencia, pero entender el rol de la charla es fundamental.

CAPÍTULO 2. PRIMERAS IMPRESIONES

- ¿Qué determina si te llevas bien con alguien? No es algo circunstancial; en vez de eso, es un asunto de impulsarte y establecer el tono para ser amigable y abierto. La mayoría de las personas trata a los demás como extraños y por ende no se convertirán en amigos. Así que cambia ese libreto desde el inicio, deja que las personas estén tranquilas y cómodas a tu alrededor.
- La primera forma de establecer el tono es hablando como amigos: en cuanto a tema, en cuanto a tono e incluso en cuanto a privacidad. Las personas estarán de acuerdo con tu tono mientras no seas descaradamente ofensivo. Un poderoso aspecto de esto es mostrar las emociones como lo hacen los amigos, en lugar de filtrarte a ti mismo y colocar un muro para el objetivo literal de mantener a las personas aisladas a una distancia. Y deja de ser tan literal y serio. Una conversación no tiene que ser sobre compartir hechos y algunos comentarios pueden ser usados solamente con el

objetivo de ver cómo reacciona la otra persona.
- Otro aspecto de establecer el tono apropiado es buscar similitudes y también otorgar la oportunidad de crearlas. Cuando las personas observan similitudes, se abren instantáneamente y las aceptan porque son un reflejo de ellas mismas. Solo existen buenas suposiciones y connotaciones así que debemos buscarlas de manera activa. También puedes hacer esto indagando más sobre la vida de las personas y haciendo preguntas para encontrar similitudes ligeramente no relacionadas, revelar más información sobre ti y también imitarlos físicamente. Además, no menosprecias el valor del *disgusto mutuo*, no es negativo hablar de cosas negativas per se.
- Finalmente, incluso si sigues estos pasos, algunas veces las personas no están dispuestas a tratar o no son buenas abriéndose. Puedes superar esto usando formas de sonsacamiento, en las cuales propones un tema o pregunta de una manera que la persona se sentirá forzada a intervenir o elaborar. Esto

toma la forma de incitar a la persona a responder a tu reconocimiento, fomentar la queja mutua, asistiendo tu ingenuidad y corrigiendo tu incorrecta suposición o información.

Capítulo 3. Cómo cautivar

- Cautivar a las personas usualmente hace referencia a contar una historia que los deje escuchando como niños (de buena manera). La narración es un gran tema que a menudo complican mucho, pero existen muchas maneras de crear este sentimiento de formas pequeñas y usuales en el día a día. Cautivar a otras no es una tarea fácil, pero el material y la habilidad se encuentran dentro de todos nosotros. Solo tenemos que saber dónde están y cómo acceder a ellos.
- Una manera sencilla de imaginar la narración del día a día es que tu vida sea una serie de historias, mini historias para ser exactos. En lugar de dar respuestas de una palabra, fomenta el hábito de plantear tus respuestas como una historia con un punto. Esto crea más participación, te permite mostrar tu

personalidad y da espacio a una conversación más fluida. Además, estas mini historias las puedes preparar antes de una conversación.

- El método 1:1:1 de la narración es simplificarla tanto como sea posible. El impacto de una historia no será necesariamente más fuerte si hay diez oraciones en lugar de dos. Por ende, el método 1:1:1 se enfoca en la discusión y la reacción que tiene lugar después de la historia. Una historia puede estar compuesta solamente por (1) una acción, (2) una emoción y (3) una oración que la resuma. No te pierdas divagando y asegúrate de que tus oyentes sientan que están realmente participando en la conversación.
- La columna vertebral de la historia es más o menos la fórmula de cada película existente. Es un esquema sencillo que puedes usar en tus historias y conversaciones de todos los días porque te enseña qué ritmo emocional está presente en una historia. Existe el statu quo, el evento que pone todo en marcha, el establecimiento de las consecuencias para cambiar el statu quo, el clímax o

resolución y luego lo que pasa después del hecho.
- Las historias también pueden ser la base de un chiste interno. Cuando lo piensas, un chiste interno es algo que surge varias veces con la misma persona y provoca una emoción positiva. Es el mismo tema llevado a un contexto diferente. Por ende, solo necesitas retomar una historia a través de una conversación y hay una alta probabilidad de que quede como ese momento de "recuerdas cuando hablamos de…". Mientras más lo uses, más único será el lazo creado entre ustedes dos.
- Mejorar tu habilidad narrativa es importante, pero, ¿qué hay sobre obtener historias de otros? Puedes expresar tus preguntas cuidadosamente para pedir historias en lugar de respuestas a las personas, lo cual es una manera sencilla de hacer una conversación más fácil y más agradable para todos los involucrados. Existen maneras para hacer que las personas se abran y quieran seguir la plática. Recuerda la lección que aprendimos con

el método 1:1:1 al señalar la emoción que la persona está tratando de expresar. Para amplificar esto, puedes *ponerle la cola al burro* y aportar estratégicamente algo a la historia de las personas.

Capítulo 4. Mantenlo fluido e ininterrumpido

- ¿Cómo puedes mantener la conversación, la charla especialmente, fluyendo ininterrumpidamente cuando sientes que ya no tienes sobre qué hablar? Este es un reto incluso con buenos amigos algunas veces. La mayoría del tiempo, este sentimiento de estancamiento ocurre porque estás haciendo exactamente eso, estancándote, y nada está siendo añadido o extraído de la interacción en ninguna de las partes. Pero, hay diversas maneras para cambiar eso.
- Primero, crea un sentido de movimiento. Quedarse en el mismo tema, emoción o sentimiento por mucho tiempo creará un sentido de aburrimiento e incluso leve estrés. *¿Por qué no puedes escapar de esto?* Ciertamente, si miras una

película y solo son personas hablando todo el tiempo, mejor que la película esté *exageradamente bien escrita* para que sea interesante. Para comparar, el viaje del héroe de Joseph Campbell es una historia clásica que sigue la aventura, éxito y subsecuente transformación de alguien. Afortunadamente, existe una gran cantidad de maneras de crear movimiento en una interacción, pero, la parte más poderosa es simplemente darse cuenta de que las cosas deben moverse de alguna forma.

- Algunas veces, a pesar de saber muy bien que debemos crear movimiento, somos incapaces de hacerlo. Algunas veces nuestra mente se pone en blanco. El siguiente par de secciones trata con esto específicamente, ¿cómo puedes pensar más rápido? Esto requiere práctica; nadie que lo maneje de manera consistente nace realmente con tal ingenio. Entonces, ¿cómo practicas? Con la asociación libre. Simplemente al tomar una palabra y nombrar algunos conceptos o palabras que la palabra inicial te recuerde. La parte importante es entrenar el reflejo de respuesta rápida de tu cerebro y superar cualquier filtro mental que puedas poseer. También puedes escoger dos palabras y relacionarlas con una breve historia, o cambiar a palabras aleatorias en el diccionario y usarlas para crear una historia.

- Finalmente, en caso de que todo lo demás escape tu mente, existen tres acrónimos increíblemente útiles que pueden ayudarte para que nunca te quedes sin algo que decir en el camino. Estos acrónimos son: HFM, EAR y EDR. HFM significa Historia (tu experiencia personal en el tema), Filosofía (tu opinión sobre el tema), y Metáfora (sobre lo que te hace pensar el tema). EAR es por Específico (más detalles sobre el tema), Amplio (contexto más amplio del tema), y Relacionado (temas relacionados). EDR es por Emoción (las emociones que el tema provoca en la otra persona), Detalle (más detalles sobre el tema) y Reafirmación (reafirmar el tema para provocar una mayor elaboración).

Capítulo 5. Ve más allá, sé mejor

- Ve más allá, sé mejor. Esto es sobre cómo podemos formar parte del tipo de interacción que sabemos es más beneficioso para nuestra felicidad y bienestar mental. ¿Cómo podemos caerle bien a alguien y dejar que se sientan lo suficientemente bien a nuestro alrededor para bajar la guardia y crear una relación como tal?
- La manera más obvia de hacer que las personas bajen la guardia es ofreciéndoles elogios al inicio y luego frecuentemente. Los elogios son positivos en general, pero hay elogios específicos que realmente impactan al receptor. Debes buscar elogiar cosas sobre las cuales las personas han tomado una decisión consciente, cosas que reflejan su proceso de pensamiento. Esto les otorga validación de una manera en la que no lo hace un simple elogio a sus ojos. Estos tipos de elogios les dicen sutilmente a otros que estás de acuerdo con ellos a niveles profundos, y pueden sentirse genial porque han tomado un conjunto correcto de

decisiones.
- Algunas veces las personas bajarán su guardia sin siquiera tener la intención si encuentran un oído que esté dispuesto a escuchar atentamente y que les permita expresas sus más íntimos pensamientos. Escuchar es una habilidad que debería enseñarse desde la infancia, pero no es así, así que nos quedamos con un montón de hábitos de escucha infectivos. También somos naturalmente egocéntricos, lo que resalta la importancia de escuchar como una habilidad para hacer que otros se sientan bien sobre una interacción. Aunque existen varios métodos para escuchar mejor, tener una mentalidad de buen oyente es por lejos la parte más importante: no se trata de ti, enfócate en la otra persona, y si dicen algo hay una razón para eso; explora esa razón.
- Claro que, la manera comprobada de profundizar directamente con las personas es haciendo mejores preguntas. La simple verdad es que la mayoría de las preguntas que usamos están a un nivel superficial y por ende solo nos devuelven una respuesta igual

de superficial. Aquí tienes un par de lineamientos para preguntas más perspicaces que crearán un suelo más fértil para el verdadero material: haz preguntas con finales abiertos (no preguntes por hechos, pregunta por el análisis y la reacción asociada con los hechos), ve más allá de las suposiciones (¿qué te falta en tu propio análisis?), consigue todos los lados de la historia (mientras más perspectivas, mejor), usa repreguntas (no interpongas tus pensamientos), que no te moleste el aire muerto y de hecho úsalo como tu ventaja, y anima a las personas a crear su propia convicción (¿cómo eso cambió tu opinión de las cosas?".

Capítulo 6. Mirando hacia adentro

- Este libro está repleto de consejos y trucos para hacer que las charlas sean menos penosas y para que fluyan mejor. Casi todo ha sido externamente enfocado en la otra persona, en la interacción, y en lo que puedes decir para mejorar tus intercambios sociales. Aunque esto es a final de cuentas la parte más importante, queda una parte vital de la ecuación para el final: mirar hacia adentro de ti mismo. Desde la perspectiva de otros, ¿eres alguien con quién es fácil charlar? ¿Eres alguien que llena de energía y hace que a las personas les de curiosidad? ¿O eres un drenaje para su preciosa energía? Tenemos que asegurarnos de que nuestro aporte es proporcional al tipo de resultado que queremos.

- Constrúyete y ellos vendrán. No realmente, pero el punto es verte a ti mismo de verdad y preguntar lo que es interesante. ¿Qué estás haciendo realmente con tu vida? ¿Eres el tipo de personas que a otros les gustaría conocer para interactuar? Si es así, entonces mejor que tu currículo de conversación lo demuestre. Si no, entonces es tiempo de tomar acción y construirte. Sigue lo que te interesa, participa activamente en la vida y encuentra pasiones y pasatiempos. ¿Preferirías conocer a alguien que surfea y bucea de manera recreacional o a alguien que pasa los fines de semana

viendo televisión? *Mientras más intereses tengas, más interesante te vuelves. Cuando estás absorto, estás absorto.*
- En el mismo contexto, conocer más, leer más, exponerte a más y pensar más. Deja de depender en que la información llegará a ti de forma pasiva; aprende de manera proactiva sobre lo que te interese. Mantén una curiosidad intelectual. Desarrolla opiniones al pensar a través de perspectivas diferentes, conviértete en un conocedor en general. Estos dos puntos te hacen el tipo de personas con las que una conversación fluida ocurre de manera natural y no tiene que ser fabricada.
- Con eso dicho, podrías ser la persona más interesante del mundo y a nadie le importará si tienes uno de los hábitos sociales más repugnantes: ser un criticón. Esto es cuando solo ves en blanco y negro y todo el mundo entra en dos categorías: tu perspectiva o la equivocada. Eres un miembro de la policía de creencias. Puedes apostar que eso es molesto y frustrante para otros, al

punto de que eventualmente los llevará a sentirse inseguros a tu alrededor y te evitarán por completo. Cuando sientas la necesidad de juzgar, trata de tomar la perspectiva de que te falta información para hacer un juicio inteligente y sé curioso sobre otros y sobre lo que te falta. Si todo lo demás falla, asume que todo el mundo está simplemente haciendo lo mejor que puede con lo que tiene.

www.ingramcontent.com/pod-product-compliance
Lightning Source LLC
Chambersburg PA
CBHW071232070526
44583CB00017B/2152